CW00537540

# CÓMO ENCONTRAR TU PASIÓN Y VIVIR UNA VIDA PLENA

## Los Elementos Fundamentales que te Ayudarán a Encontrar tu Verdadero Llamado en la Vida

NATHANIEL DAVIDS

# Índice

# Introducción

¿Alguna vez has admirado a alguien por lo plena que parece su vida? Su pasión brilla en todo lo que hace porque ha encontrado su propósito. ¿No te gustaría estar en su lugar por una vez?

Este libro es la guía definitiva para conseguirlo. Si sigues las instrucciones aquí dadas paso a paso, a lo mejor llegarás exactamente a donde necesitas estar cuando llegues al final. S te mostrará cómo superar tus miedos y pensar en positivo cuando ese lado negativo de ti mismo empiece a inventar razones tontas por las que no deberías hacer algo, o por las que no eres lo suficientemente bueno. ¿Quieres hacer realidad tus fantasías? ¿Tienes problemas para saber por dónde empezar? Pues lee esto y aprenderás cómo conseguirlo. Es hora de dejar de procrastinar y hacer por fin algo por ti mismo para lograr la vida que siempre has querido.

Algunas personas han pasado por lo que parece el infierno y han vuelto. Esas personas, en sus días de juventud, es seguro decir que estaban viviendo una vida de la que no estaban demasiado orgullosos, y luego, a través de sus experiencias de vida y la construcción de su futuro, finalmente encontraron su pasión. Este libro es para ayudarte a encontrar lo mismo. A través de la búsqueda de tus creencias y talentos, descubrirás cuál es tu pasión. Ayudar a personas como tú a encontrar sus deseos y darles la motivación para luchar por la mejor vida que puedan vivir es el objetivo de este libro.

A través de tus experiencias de vida vistas desde la perspectiva aquí dada, aprenderás realmente lo que es vivir una vida satisfactoria.

¿Estás cansado de vivir la misma vida rutinaria y aburrida que tienes ahora? Levantarse todas las mañanas, prepararse para el trabajo, ir al trabajo, y luego llegar a casa agotado pero con muchas responsabilidades por lo que no tienes tiempo para descansar.

Si esto te suena familiar, entonces definitivamente elegiste el momento adecuado para leer este libro. Se cubrirán todos los temas de quién, dónde, qué, por qué y cómo vivir apasionadamente. En este libro, aprenderás muchas estrategias para encontrar tu pasión. Si usas estas habilidades todos los días, pronto sentirás las alegrías de una vida abundante y llena de pasión.

Cómo usar este libro: Este libro tiene una serie de capítulos que te pedirán que tomes notas. Agarra un bolígrafo y un bloc de notas y anota lo que has aprendido y responde a las preguntas de forma eficaz hasta el final.

Si sientes incomodidad, es una buena señal. Esto demuestra que has llegado al núcleo de la cuestión.

Empieza a escribir sin juzgar ni criticar. Asegúrate de escribir lo que se te ocurra. En el apéndice, al final de este libro, encontrarás una lista de preguntas.

Qué es la pasión: La pasión es un fuerte deseo que puede llevarte a hacer cosas increíbles.

La pasión es una emoción sobre la que hay que actuar.

Sin acción, la pasión no produce resultados que valgan la pena. La pasión es el combustible en el fuego de la acción. Cuando tienes pasión por algo, lo amas incluso cuando lo odias.

Entonces, ¿qué es la pasión? ¿Cómo reconoces tu pasión y cómo la pones en práctica?

¿Qué es la pasión? Un deseo alimentado por la pasión dará los mejores resultados en la vida.

Me gusta el monopatín, pero no tengo la determinación necesaria para esforzarme por romperme los huesos y visitar el hospital. Por eso no soy tan bueno como podría ser. No me apasiona.

La pasión puede empujarte en los momentos difíciles porque no te importa lo que cuesta ser mejor. Todos tenemos la capacidad de crear el tipo de vida que queramos. El secreto para vivir el sueño se esconde en nuestras pasiones y en lo que hacemos gracias a ellas.

¿Cómo saber qué te apasiona? Encontrar lo que te apasiona es un viaje en sí mismo. No te sientas frustrado si todavía no lo sabes. Sigue probando cosas nuevas. Llegará aunque tengas que construirlo.

Si encuentras tu pasión, o te encuentras tras su pista, no la abandones.

¿Y si sabes lo que te apasiona pero no haces nada al respecto? Este es el principal problema de la pasión.

Puedes tener toda la pasión del mundo por algo, pero si nunca haces nada al respecto, esa pasión es inútil.

Tal vez tengas un buen trabajo que paga todas las facturas, pero que no te permite seguir realmente tu pasión. Tienes miedo de lo que pueda pasar si cambias las cosas. Sí, el cambio da miedo, pero no es hasta que salimos de nuestra zona de confort cuando encontramos lo que nos hemos estado perdiendo.

Tú eres el autor de tu vida. No te conformes con lo mínimo sólo porque ahora te funciona.

Nunca sabrás de qué eres realmente capaz si no te exiges a ti mismo.

Pero incluso cuando persigas tu pasión, te encontrarás con fracasos y otros obstáculos. No puedes dejar que eso te afecte. A todo el mundo le ocurre en el camino de seguir su pasión.

Abraham Lincoln tenía una gran pasión por construir un gran país. ¿Crees que dejó que unos cuantos fracasos le impidieron hacerlo? No dejes que los obstáculos te desanimen.

¿Y la pasión por las personas? La idea de la pasión también se aplica a las personas. No caigas en la trampa común de pensar que quieres a alguien y no hacer nada al respecto. Pregúntate si vale la pena renunciar a mi orgullo para mantener una relación? ¿Y ser desinteresado y sacrificar tu tiempo o tu comodidad? Si no puedes hacer eso, probablemente no es amor real, o necesitas empezar a hacer cambios.

A menudo, creo que tenemos que recordarnos a quién amamos y actuar en consecuencia. Es fácil dejar que las relaciones familiares se debiliten por culpa del orgullo.

Por supuesto, dices que amas a tu familia, pero cuando tu hermano está en la obra de teatro del colegio, y tú odias las obras de teatro, ¿vas?

Lo mismo ocurre con las relaciones íntimas. ¿Sólo amas cuando es fácil? El verdadero amor requiere sacrificio y trabajo.

Se superan los momentos difíciles porque se les quiere y se comprende que toda pasión que se persiga tendrá baches en el camino. Por desgracia, mucha gente no entiende lo que significa tener pasión por alguien. Por eso los índices de divorcio son tan elevados y las familias suelen quedar destrozadas por los sentimientos heridos y el drama innecesario.

Seguir cualquier pasión requiere vulnerabilidad y trabajo. Pero se te promete que, al final, el resultado de esos esfuerzos será el más satisfactorio para tu vida.

4 cosas que debes saber para encontrar tu pasión

1. La pasión es lo que te gusta hacer: La pasión es una fuerte emoción o deseo por alguien o algo. Es lo que te gusta hacer, tal vez te pierdes en ello y el tiempo cesa, te

atrae instintivamente, te produce una gran satisfacción y/o es algo a lo que puedes dar un SÍ rotundo si te dan el tiempo y la oportunidad.

2. La pasión es energía: La pasión alimenta el fuego de la inspiración y nos abre las oportunidades y la motivación para atender las necesidades que nos rodean. Hay un poder que proviene de hacer lo que te entusiasma. Cuando haces lo que está alineado con lo que eres, obtienes energía de ello. Te sientes motivado para salir de la cama y perseguirlo y te da algo que esperar.

3. La pasión tiene que ver con la búsqueda, la perseverancia y la progresión (¡Acción!):

Las personas apasionadas HACEN lo que les gusta, su energía por ello los lleva a la acción. Persiguen su pasión de forma constante y tienen un fuerte nivel de compromiso. La persiguen con determinación, a pesar del dolor y el fracaso o la decepción, y siguen adelante.

¿Por qué? Lo más probable es que sea porque les encanta y no pueden imaginarse sin hacerlo o porque quieren alcanzar un objetivo, mejorar su rendimiento o buscan un resultado o impacto deseado. Añadir la perseverancia y el deseo de progresar a una búsqueda apasionada puede llevarte a la meta en vivo. No se puede: escribir un libro sin sentarse a escribir, correr una maratón sin entrenar o dirigir un negocio sin dedicarle tiempo. Estar dispuesto a poner el tiempo y la energía para "hacerlo realidad" es la clave.

4. La pasión puede llevarte a tu propósito: El propósito es estar alineado con quién eres y hacer las cosas para las que has sido llamado, dotado o creado de forma única. En mi opinión, el propósito es tomar esas cosas que amas (o tus pasiones), superponerlas con tus habilidades y talentos y tomar medidas para satisfacer una necesidad, proporcionar un servicio o perseguir una oportunidad. Perseguir tu pasión puede llevarte a tu objetivo y el resultado puede ser un mayor impacto en el mundo y la realización de ti mismo.

Ahora, respira hondo, porque estás a punto de descubrir tu pasión y tu propósito. Cuando te sientas preparado, pasa a la siguiente página y comencemos este viaje de autodescubrimiento.

## Encuentra tus creencias

LAS CREENCIAS SON juicios internos sobre uno mismo. Es la certeza de lo que uno cree que es verdadero o falso. La creencia es algo así como la moral, arraigada en lo más profundo de uno mismo. Una creencia es mental, espiritual y sentimental. Lo que crees motiva tus acciones y te impulsa hacia tus ambiciones. Por ejemplo, creer en una causa te hará querer defenderla.

Si crees en una religión, juras por ella. Si crees en ciertas personas, las apoyas. Creer es actuar.

¿Te suena esto? ¿Crees en ti mismo? Este libro está aquí para ayudarte a llegar a donde necesitas estar.

Empezaremos por abordar esas creencias limitantes que todos tenemos.

. . .

Averiguando qué es lo que te hace sentir impotente para tener éxito, podrás empezar a trabajar en lo que te hará sentirte impulsado hacia la vida. Es hora de recuperar el control y creer que te mereces algo mejor.

Sustituir las creencias limitantes: Las creencias autolimitantes pueden obstaculizar tu felicidad y vivir la vida que quieres y mereces. Vamos a repasar algunas creencias limitantes comunes que pueden impedirte perseguir lo que realmente quieres, y cómo sustituirlas introduciendo nuevas creencias que te sitúen en un camino más positivo.

1. "No soy único". Nueva creencia: soy único porque estoy a cargo de mi vida. A menudo, nuestra mente nos dice cosas negativas que no deberíamos creer. Si tenemos una baja autoestima, tendemos a pensar en estos pensamientos negativos. Entiende que tú eres único. Cuando creemos que no somos únicos en nuestra mente, normalmente estamos comparando nuestra vida con la de los demás. Combate estos pensamientos con el conocimiento de que tu vida es tuya para vivirla, de nadie más. Agradece lo que tienes ahora y entiende que siempre hay una forma

positiva de ver los resultados más negativos. Recuerda que nadie es tu jefe y que tú eres el que manda. Estos ejemplos te permitirán aclarar tu mente. He aquí algunas preguntas que debes hacerte: ¿Soy una persona amable? ¿Soy empático? ¿Soy un buen oyente? ¿Me esfuerzo por hacer el bien a los demás? ¿Tengo objetivos y aspiraciones? Si has respondido afirmativamente a alguna de estas preguntas o a todas ellas, bueno, amigo mío, esto es una prueba de que eres único, y deberías escuchar estas respuestas que gritan en tu mente.

2. "No sé lo que quiero". Nueva creencia: Soy el producto de mi entorno; yo escojo tomar las oportunidades para hacer mi propia realidad. Cuando aceptas el cambio, es menos probable que la preocupación controle tu mente. No tengo que saber mi destino, sólo la dirección que quiero tomar. Empieza por lo pequeño y construye una escalera sobre cómo llegar a donde necesitas estar. Trabaja en aprender a disciplinarte, en habilidades de comunicación, en tácticas de negociación, en técnicas de persuasión, en estar saludable a través del ejercicio, y aprende a ser flexible con tus horarios. Estas cosas son habilidades universales que se necesitan para encontrar la pasión.

3. "No tengo tiempo". Nueva creencia: Nada es

permanente; nunca es demasiado tarde. Cuando quieres lo que quieres con la suficiente intensidad, harás cualquier cosa para conseguirlo. Es así de sencillo. Vivir un día a la vez, y hacer algo hacia tu objetivo cada día es el primer paso para superar el pensar demasiado. Deja de centrarte en la cantidad de tiempo que tienes, sino en la cantidad de tiempo que podrías ganar, y eso cambiará por completo la forma en que utilizas el tiempo limitado que tienes.

4. "Tengo que arreglar o cambiar esto o aquello antes de conseguirlo x cosa". Nueva creencia: El pasado puede ser evaluado y remodelado. Esta creencia limitante es la que nos hace procrastinar aunque sepamos lo que necesitamos o lo que queremos. Si crees que las cosas tienen que cambiar primero antes de completar algo más, entrarás en un ciclo de procrastinación. Sólo hace falta un momento para cambiar las cosas. Un pensamiento y una acción para hacer algo diferente pueden marcar la diferencia. Si te esfuerzas por ser productivo y dar pasos hacia tus objetivos una vez al día, o incluso una vez a la semana, es suficiente para hacer realidad lo que quieres.

5. "No soy lo suficientemente bueno". Nueva creencia: No es personal. Cuando nuestra

mente saca lo mejor de nosotros, llegamos a creer que no somos lo suficientemente buenos. Los pensamientos negativos son unos mentirosos convincentes y se aprovechan de las más escasas migajas de evidencia para apoyar la idea de que no eres lo suficientemente bueno. Si alguien tiene un mal día y te hace creer esta limitación, no te lo tomes como algo personal. Tu vida es tuya para vivirla. Tú tienes el control de tus pensamientos, acciones, creencias, motivaciones, aspiraciones, objetivos y pasiones, etc.

6. "Es demasiado tarde para cambiar/ Perseguir mis sueños". Nueva creencia: Tengo todo lo que necesito dentro de mí; nunca es demasiado tarde. El camino hacia el éxito es revivir tus experiencias pasadas y aprender de ellas. Comprende que tienes todo lo que necesitas y confía en que estás preparado para tomar las riendas de tu futuro. Dite a ti mismo que tienes la suficiente confianza para alcanzar tus sueños. Sigue adelante y no busques la aprobación de los demás.

7. "Tengo demasiadas responsabilidades". Nueva creencia: Puedo manejar cualquier cosa cuando me lo propongo. El trabajo duro da sus frutos cuando se sigue intentando. ¿Tienes

hijos? ¿Un trabajo? ¿Un matrimonio? Como se ha dicho antes, el día tiene 24 horas, y la mayoría de los adultos pueden vivir con unas seis horas y media de sueño. Aprende a gestionar tu tiempo de forma eficaz y saca el máximo partido a lo que buscas. Proponte lo que quieras y añádelo a tu lista de responsabilidades. Cree en ti mismo y en tu capacidad para gestionar todas las responsabilidades y tendrás éxito.

8. "No puedo perseguir mis sueños porque puedo fracasar". Nueva creencia: El fracaso es el éxito que aún no ha ocurrido. Cuando fracasamos, aprendemos lo que no debemos hacer de nuevo. El fracaso nos hace intentar hacerlo mejor la próxima vez. Una vez más, como se indica en la primera creencia limitante, hay que hacerse esas mismas preguntas. ¿Qué puedo aprender? ¿Qué puedo sacar de esta situación? ¿Me estoy comparando con otros? Comprende que eres único y que hay más cosas buenas que malas en ti. Veamos el ejemplo de Paola. En muchas ocasiones ella ha querido renunciar a sus sueños de convertirse en empresaria y, antes de eso, en entrenadora personal. Fuera de forma después de años detrás de un escritorio, pensó que la lucha para convertirse en una entrenadora personal estaba perdida incluso

antes de subir al ring, pero tuvo la suerte de tener un gran entrenador de vida en su esquina animándole. Eso es lo que este libro ha venido a hacer por ti.

Lo que hemos aprendido:

Las creencias autolimitantes pueden impedirte buscar la felicidad y vivir la vida que realmente deseas.

Nuestros días pueden estar llenos de pensamientos negativos sobre nosotros mismos, si lo permitimos. Solo si lo permitimos.

Cada pensamiento negativo que tengas puede ser contrarrestado con un pensamiento opuesto, que probablemente sea mucho más verdadero, pero definitivamente mucho más positivo.

Siempre existe la tentación de procrastinar y los seres humanos son muy buenos para encontrar razones para hacerlo.

Nos decimos a nosotros mismos que no tenemos suficiente tiempo, o que tenemos que hacer otras cosas primero. Haz el tiempo, hazlo posible.

Una de las grandes cosas de las personas es que tenemos la capacidad de cambiar, no importa la edad que tengamos. Podemos cambiar y podemos aprender cosas nuevas. No dejes de soñar porque creas que es demasiado tarde para ti.

El fracaso nunca es el final de la historia, porque eres fuerte y no eres el tipo de persona que va a abandonar a la primera señal de problemas.

Preguntas para hacerte a ti mismo: Apunta en tu cuaderno de ejercicios las respuestas de las siguientes preguntas.

- Para mí, ¿cómo es una vida apasionada?
- Cuando viva una apasionada, ¿Cómo me sentiré?
- ¿Cuáles son las creencias limitantes que tengo?
- ¿Qué me está deteniendo de lograr lo que quiero?

Ahora ya sabes cómo encontrar tus creencias limitantes y cómo reemplazar esas creencias negativas con positivas; ahora, en el próximo capítulo empezaremos la búsqueda para encontrar tu ikigai.

## 2

# Introducción al Ikigai

LA PALABRA "IKIGAI" es una palabra japonesa que significa "una razón de ser". Si lo traducimos al español, es palabras más cercanas, significa: cosas por las que vives, o la razón por la que te levantas por la mañana. El ikigai es específico de nuestras vidas, valores y creencias. Las actividades que implican ikigai se realizan de buena fe, y el sentimiento te da una sensación satisfactoria de propósito.

El origen de la palabra ikigai se remonta al periodo Heian (794 a 1185).

El psicólogo clínico y ávido experto en la evolución del ikigai, Akihiro Hasegawa, publicó un artículo de investigación en 2001 en el que escribía que la palabra "gai" proviene de la palabra "kai", que se traduce como "concha" en japonés.

Durante el periodo Heian, las conchas eran extremadamente valiosas, por lo que la asociación de valor sigue siendo inherente a esta palabra. También puede verse en palabras japonesas similares como hatarakigai, (働きがい) que significa el valor del trabajo, o yarigai ~ga aru (やり甲斐がある), que significa "vale la pena hacerlo".

Ikigai es lo que te hace levantarte cada mañana y te hace seguir adelante.

Gai es la clave para encontrar tu propósito, o valor en la vida.

La mejor manera de encapsular la ideología general del ikigai es observar el diagrama de Venn del ikigai, que muestra las cuatro cualidades principales que se superponen: para qué eres bueno, qué necesita el mundo, por qué te pueden pagar y, por supuesto, qué te gusta.

¿Por qué el ikigai es importante? Muchos sociólogos, científicos y periodistas han investigado y formulado hipótesis sobre la utilidad y la verdad de este particular fenómeno, y han llegado a varias conclusiones muy interesantes. Una teoría en particular es que el ikigai puede hacer que vivas más tiempo y con más dirección.

En septiembre de 2017, el popular programa de televisión japonés Takeshi no katei no igaku se asoció con un grupo de científicos para llevar a cabo una investigación en la pequeña ciudad de Kyotango, en Kioto, un lugar que se enorgullece de tener una población que tiene tres veces más residentes mayores de 100 años en comparación con la media del resto del país.

El programa quería saber qué puntos en común tenían estos ancianos felices en su vida diaria, por lo que siguieron a siete personas de entre 90 y 100 años desde la mañana hasta el amanecer, haciéndoles análisis de sangre y otros controles de salud.

Lo que encontraron interesante fue que las siete personas tenían cifras excepcionalmente altas de DHEA, una hormona esteroide segregada por las glándulas suprarrenales que muchos creen que puede ser la milagrosa "hormona de la longevidad".

· · ·

Curiosamente, a medida que el programa seguía a esos hombres y mujeres, descubrieron una única cosa que todos tenían en común: un pasatiempo que practicaban a diario y al que estaban muy enganchados. Se vio a una mujer de casi 90 años que pasaba unas horas diarias tallando máscaras tradicionales japonesas, a otro hombre que pintaba y a otro que iba a pescar a diario.

Aunque la correlación entre tener una afición que te guste y el aumento de la DHEA aún no se ha demostrado científicamente, el programa sugirió que tener esta única cosa que te mantiene interesado, centrado y te da una sensación de satisfacción en la vida puede aumentar tu hormona juvenil DHEA, lo que conduce a una vida más larga y feliz.

¿Dónde se practica el ikigai? Okinawa, la isla meridional de Japón continental, alberga uno de los mayores porcentajes de centenarios por población.

Okinawa es también un semillero de la ideología del ikigai. Aquí, el clima templado, la dieta saludable y el bajo nivel de estrés también son factores, pero es la población activa de la isla, formada por residentes que no se jubilan y que tienen un propósito, lo que la relaciona con otras comunidades longevas de Cerdeña (Italia) e Icaria (Grecia).

En 2010, el escritor Dan Buettner publicó un libro titulado Blue Zones: Lessons on Living Longer from the People Who've Lived the Longest (Lecciones para vivir más tiempo de la gente que más ha vivido), en el que estudiaba las zonas del mundo que albergan a los residentes más longevos (incluida Okinawa).

Lo que descubrió fue que, aunque tengan una palabra diferente para ello, el ikigai, o tener un "propósito en la vida" era un fuerte vínculo de unión.

Si puedes encontrar placer y satisfacción en lo que haces y eres bueno en ello, enhorabuena, has encontrado tu ikigai".

Héctor García, escritor que ha publicado varios libros sobre esta teoría, entre ellos Ikigai: El secreto de una vida larga y feliz, publicado en inglés el año pasado, cree, sin embargo, que este ikigai no debería estar vinculado sólo a las personas mayores. De hecho, actualmente es más popular que nunca entre los jóvenes, tanto dentro como fuera de Japón.

. . .

"Descubrimos [al publicar el libro que] una de las claves de su éxito es el momento en que se utiliza la palabra 'ikigai'". Sostiene que está ganando más adeptos ahora, justo cuando la gente lo necesita, "especialmente en las generaciones más jóvenes que buscan más sentido a sus vidas".

Encontrar tu ikigai: Encontrar tu ikigai puede ser una tarea intimidante. Tienes que descubrir en qué estás destinado a convertirte. Tienes que creer que algo es tu propósito en la vida porque te apasiona. Veamos el ejemplo de Jorge. A Jorge, por ejemplo, le apasiona el esquí, el buceo y la escalada. Su pasión es enseñar y motivar a la gente, y como entrenador de vida y empresario, su ikigai y su verdadero propósito es ayudar a la gente. Si no sabes o no has encontrado tu ikigai todavía, no pasa nada porque no mucha gente conoce su ikigai, y este libro está aquí para ayudarte. El ikigai se divide en cuatro elementos. Veámoslo más de cerca.

- Lo que AMAS hacer (tu devoción).
- Lo que EL MUNDO NECESITA que sea diferente y dinámico (tu objetivo).
- Lo que eres BUENO HACIENDO, tus hobbies e intereses (tu vocación).
- Lo que haga que te PAGUEN que te vuelva feliz y satisfecho (tu carrera).

Cuando todo lo anterior se alinee perfectamente,

encontrarás tu ikigai aquí. Cuando esto ocurra, la plenitud, la longevidad y la verdadera felicidad estarán en tu interior y en tu alma.

La palabra "ikigai" es una referencia a los estados espirituales y mentales que hay detrás de nuestras circunstancias, en contraposición a nuestra situación económica. Mientras estemos avanzando hacia nuestro propósito, no importa si estamos atravesando una época oscura en nuestras vidas porque seguimos experimentando el ikigai. El ikigai no son las expectativas forzadas del mundo que nos rodea; son las acciones naturales que surgen de una profunda conexión con la vida las que crean el sentimiento de ikigai.

Cómo tomar provecho de tu ikigai: Hay quien dice que encontrar tu ikigai es lo que te hace vivir más tiempo. Esta definición tiene sentido, ya que la felicidad es un hecho probado para llevar una vida sana, mientras que el estrés acorta nuestra vida. Si eres como una persona plena y quieres alcanzar la grandeza, ser feliz y encontrar un propósito en ti mismo y en tu vida, entonces encontrar tu ikigai es la clave.

Aquí hay cuatro sugerencias que te ayudarán a encontrar tu ikigai más rápido:

. . .

1. Encontrar el sentido o un rol en el que tú creas firmemente. El primer paso para entender y encontrar tu ikigai es mirar más allá de ti mismo. Esto significa mirar tus experiencias de vida pasadas y aprender de las lecciones que puedes sacar de cada escenario o situación. Mira dentro de ti cuando estés solo, o en un entorno tranquilo y silencioso, y reflexiona sobre ti mismo, tu historia y tus sentimientos. Encontrar un propósito o creer en algo que te importe de verdad te ayudará a ser ambicioso con tus objetivos y te hará superar los momentos difíciles.

2. No pienses. Sólo hazlo. Deja de pensar en cuándo va a ser el momento adecuado, o cuál es el momento idóneo para empezar. Si tienes muchas pasiones y deseos, nunca es demasiado tarde para empezar. Cada pequeño paso hacia la realización de tu objetivo y tu pasión cuenta. Por ejemplo, Steve Jobs fundó Apple con 21 años, y Elon Musk se volvió director general de Tesla a los 37 años. Ambos trabajaron para alcanzar su pasión intentando y completando pequeños pasos para llegar a ella, sin importar su edad. Empieza a encontrar tu verdadera pasión reduciéndola a una o dos principales, y sigue dando pasos para cumplirlas durante algún tiempo. Al hacer esto, te ayudará a decidir si eso es lo que quieres hacer.

. . .

3. Rodéate con gente que tenga intereses similares a los tuyos. Al rodearte de personas que comparten los mismos intereses que tú, te encontrarás compartiendo ideas y aprendiendo de los errores que puedan haber cometido. Pueden surgir oportunidades para ti, que te ayudarán a averiguar si esta pasión que te interesa es adecuada para ti. Ten en cuenta que alcanzar tu verdadero potencial no va a suceder de la noche a la mañana, así que ten paciencia.

4. Acepta el fracaso como parte del proceso Los reveses son una parte normal de la vida. Nos ayudan a darnos cuenta de nuestros errores y nos dan fuerzas para hacerlo mejor la próxima vez que nos enfrentemos a un problema similar. Algunos contratiempos pueden ser el resultado de la falta de apoyo, de que tus ideas sean juzgadas, de que no recibas ayuda financiera, etc. Estos contratiempos son pasos que nos ayudan a hacernos más fuertes a la hora de encontrar nuestra pasión.

3 ejemplos de vivir según el ikigai: El famoso chef de sushi japonés Hiroki Sato es un buen ejemplo de ikigai, concebido como la devoción a una actividad que aporta una sensación de plenitud o logro.

· · ·

El chef Sato ha dedicado su vida a innovar y perfeccionar las técnicas de elaboración de sushi. Dirige un pequeño y exclusivo restaurante de sushi de 10 plazas en Tokio (Japón).

El chef Sato ha conseguido la máxima calificación de la guía de restaurantes Michelin, tres estrellas, y está considerado como el chef de sushi más consumado del mundo. En Jiro Dreams of Sushi, el premiado documental sobre su vida y su trabajo, el chef Sato afirma:

"Tienes que enamorarte de tu trabajo... dedicar tu vida a dominar tu habilidad... Seguiré intentando llegar a la cima, pero nadie sabe dónde está la cima".

Esta es una buena ilustración del ikigai como devoción a lo que uno ama, un esfuerzo hacia la maestría y el logro, y un viaje interminable que también aporta una sensación de plenitud.

Curiosamente, el chef Sato no sólo se encarga de la preparación del sushi en su restaurante. Debido a su pequeño tamaño y a su disposición abierta, puede observar de cerca la degustación y las reacciones de sus clientes a la comida y es conocido por modificar el sushi en función de dichas reacciones.

.  .  .

Se podría decir que el ikigai del chef Sato consiste en buscar la excelencia en la preparación del sushi y compartirla con los amantes del sushi y la buena mesa.

Otras personas de las que se puede decir que ejemplifican la búsqueda del ikigai son la mundialmente famosa primatóloga Jane Goodall.

Goodall se apasionó por los animales, y especialmente por los primates, desde una edad temprana. A los 20 años, persiguió su pasión por los primates escribiendo al antropólogo Louis Leakey. Leakey pensó que el estudio de los grandes simios actuales proporcionaría pistas sobre el comportamiento de su principal interés: los primeros ancestros humanos.

Con la ayuda de Leakey, Goodall comenzó su estudio de los simios en la naturaleza. Se convirtió en una experta en trabajar estrechamente con los simios, documentando su inteligencia y sus interacciones sociales.

También se convirtió en una defensora de los derechos de los animales que ha ayudado a salvar a los simios y otros animales de experimentos dañinos y de la destrucción de sus hábitats.

. . .

De este modo, Goodall ha perseguido su pasión, se ha convertido en una experta en este campo, ha cubierto la necesidad mundial de conocimiento/protección de los primates y se ha ganado la vida publicando libros sobre el comportamiento de los simios y ganando honorarios por dar conferencias.

Se podría decir que el centro de su ikigai es conectar con los grandes simios, aprender sobre ellos y defenderlos, y a través de esta conexión, vincularse de forma positiva con todos los seres vivos.

Otro ejemplo de alguien que ha encontrado su ikigai, o el propósito de su vida, es el surfista y defensor de la vida silvestre John Mitchell. Mitchell es un surfista "libre" muy aclamado, con generosos patrocinios pero sin participar en concursos. Fundó Surfers for Cetaceans, una organización dedicada a la protección de los cetáceos (delfines, marsopas y ballenas) y de toda la vida marina.

Gracias a su amor por el surf y el océano, Mitchell llegó a admirar a los numerosos delfines que venían a cabalgar las olas con él en Byron Bay (Australia).

. . .

Mitchell ha experimentado claramente un tipo particular de flujo con su surf. A través de él, llegó a apreciar la vida de los cetáceos en particular.

Se podría decir que su ikigai reside en la búsqueda de estados de flujo en el surf y en asegurar que otras criaturas vivas, como los cetáceos, puedan experimentar sus propios estados de flujo, en lugar de ser cazados, mantenidos en acuarios o atrapados en redes de pesca.

Lo que hemos aprendido:

Ikigai significa una razón de ser. En otras palabras, significa las cosas por las que uno vive o la razón por la que se levanta por la mañana.

Ikigai es la combinación de pasión, misión, profesión y vocación. Cuando estos cuatro elementos se combinan, la superposición constituye tu ikigai, tu razón de ser.

Para encontrar tu ikigai, tienes que encontrar lo que te gusta, lo que se te da bien, lo que el mundo necesita y por lo que te pueden pagar.

·   ·   ·

Descubrir tu ikigai te dará un mayor enfoque en tu vida y te dará un nuevo sentido de dirección, quizás el impulso que necesitas para cambiar tu vida a mejor.

La importancia de reconocer qué tienen que ver tus creencias con tu ikigai.

Se dice que descubrir el propio ikigai contribuye a una vida con menos estrés y más pasión. Dos de los componentes necesarios para una vida más larga y feliz.

¿Qué es lo que te apasiona? No siempre lo sabemos y, si no lo sabes, puede que no sea algo que hayas encontrado antes. Puede que tengas que buscar más allá para descubrir cuál es tu pasión. Por supuesto, fíjate en tus experiencias pasadas y en lo que ya conoces, pero no te cortes a la hora de probar cosas nuevas.

Si esperas el momento perfecto para hacer algo, nunca lo harás. Nunca hay un momento perfecto para nada, todos sacamos lo mejor que podemos de cualquier situación. No te reprimas, si quieres hacer algo, hazlo.

· · ·

Si te interesa algo, tienes que rodearte de gente con intereses similares. El fracaso no es algo de lo que haya que avergonzarse, intenta aceptarlo como una herramienta de aprendizaje, en lugar de como algo que hay que evitar. Aprendemos cometiendo errores.

Preguntas para hacerte a ti mismo: toma una pluma y papel y escribe tus respuestas.

- ¿Qué es lo que más me gusta hacer?
- ¿Cuál es el top tres de hobbies que tengo?
- ¿Qué es en lo que más he destacado?
- ¿Cuáles son las causas que más apoyo activamente?
- ¿Haciendo qué cosa la gente me pagaría?
- ¿Cuáles son las personas con las que puedo compartir mis intereses?
- ¿Estoy haciendo lo que el mundo necesita?

Una vez más, tómate un momento para escribir las respuestas a las preguntas. Además, anota algunas pasiones y deseos que tengas, luego minimiza esa lista y descubre dos o tres que realmente te creen una emoción en tu interior. Déjate llevar por estas notas durante unos días y deja que lo que venga a tu mente fluya de forma natural a través de tus pensamientos. En un par de días, vuelve a esta lista y vuelve a evaluarla.

· · ·

Una vez que encuentres tu ikigai, debes preguntarte quién eres. En el próximo capítulo, profundizaremos en esta cuestión.

## 3

## Conoce tu tipo de personalidad

LA DEFINICIÓN de personalidad es la combinación de cualidades que conforman el carácter de una persona.

Este capítulo trata acerca de los tipos de personalidad y cómo encontrar el tuyo.

Hay un montón de tests en línea que puedes hacer para averiguar qué tipo de personalidad tienes. Lo que hay que hacer es encontrar el correcto, que es casi 100% preciso. Puedes hacer el "Test de los Cinco Grandes de la Personalidad" para hacerte una idea aproximada de quién eres, pero nada te resuelve tanto como el test del indicador de tipo Myer-Briggs.

Según este indicador, hay 16 tipos diferentes de personalidades, y vamos a hablar de cada uno de ellos.

. . .

¿Por qué necesitas averiguar exactamente qué tipo de persona eres? Bueno, ayuda mucho a conocerte a ti mismo para encontrar tu pasión. Tu tipo de personalidad te ayudará a entender qué trabajo te conviene más y por qué serás feliz haciendo eso como carrera.

El indicador de tipo Myers-Briggs (MBTI): Isabel Myers y su madre, Katherine Briggs, crearon un estudio en la década de 1940 que analizaba las distintas personalidades de las personas. Investigaron mucho y estudiaron a las personas durante dos décadas y sus resultados concluyeron que había dieciséis tipos de personalidad diferentes. Su teoría era que si alguien sabía qué tipo de personalidad era, le ayudaría a entenderse mejor a sí mismo para poder vivir una vida plena.

El test se compone de ocho características que informan de cuáles son los tipos de personalidad. Estas características son: Extraversión (E) - Introversión, (I) Sensibilidad (S) - Intuición (N), Pensamiento (T) - Sentimiento (F), Juicio (J) - Percepción (P).

Veamos ahora cada uno de los pares:

. . .

1- Extraversión - Introversión: El primer par de características representa la fuente y la dirección de la expresión energética de una persona. Es realmente sencillo.

La fuente de energía de un extravertido se encuentra principalmente en el mundo exterior, mientras que un introvertido tiene una fuente de energía en su mundo interior.

2- Sensibilidad - Intuición: El segundo par representa el tipo de información que tú procesas. Ser sensible significa que una persona cree principalmente en la información recibida del mundo exterior. Por lo tanto, si tu preferencia es ser sensible, es probable que prefieras ocuparte de los hechos, de lo que sabes, o describir lo que ves. Por otro lado, la Intuición significa que una persona cree principalmente en la información recibida del mundo interno. Este tipo de persona prefiere tratar con ideas, nuevas posibilidades o cosas más bien desconocidas.

3- Pensamiento - Sentimiento: El tercer par representa cómo una persona procesa la información. En pocas palabras, se trata de cómo una persona toma decisiones. Pensar significa que una persona toma una decisión principalmente a través de la lógica. Por lo tanto, tomará una decisión basada en la lógica objetiva, utilizando un enfoque analítico y desapegado. Sentir significa que una persona toma una decisión basada en la emoción. Las personas que pertenecen al tipo de sentimiento tomarán una decisión basándose en lo que creen que deben hacer, o en lo que creen que es importante.

Juicio - Percepción: El último par refleja cómo una persona pone en práctica la información que ha procesado. Juzgar significa que una persona organiza todos los acontecimientos de su vida y, por regla general, se ciñe a sus planes. Prefieren que todo esté bien planificado y estructurado. Percibir significa que la persona tiende a improvisar y a explorar opciones. Por lo general, prefieren dejarse llevar por la corriente, mantener la flexibilidad y responder a las cosas según vayan surgiendo.

Las cuatro características se convierten en un código de 16 letras diferentes para distinguir los tipos.

Los 16 tipos de personalidad: A continuación se presentará una visión general de los dieciséis tipos de personalidad.

INTJ - El arquitecto: Pensadores originales, analíticos y estratégicos. Los INTJ tienen la capacidad de convertir teorías abstractas en planes sólidos. Valoran el conocimiento y la competencia, y se dejan llevar por sus visiones. Pueden ser exigentes cuando se trata de su propio desempeño o el de otros, y eso los convierte en líderes naturales. Los INTJ están orientados a las tareas y trabajan intensamente para convertir sus visiones en realidades.

INTP - El lógico: Pensadores innovadores, lógicos y creativos. Los INTP tienen una sed insaciable de conocimiento y pueden entusiasmarse mucho con las teorías e ideas. Valoran el conocimiento, la competencia y la lógica.

Los INTP quieren dar sentido al mundo, y naturalmente cuestionan y critican las ideas mientras se esfuerzan por comprenderlas.

ENTJ - El comandante: Líderes asertivos, audaces y estratégicos, los ENTJ se sienten impulsados a liderar.

Para los ENTJ la fuerza motriz de sus vidas es su necesidad de analizar y poner en orden el mundo exterior de los acontecimientos. Valoran el conocimiento y la competencia, y tienen una excelente capacidad para comprender los problemas organizativos difíciles.

Prefieren un mundo estructurado y organizado, y destacan en el razonamiento lógico.

ENTP - El debatiente: Pensadores curiosos y creativos, los ENTP se emocionan por ideas frescas, nuevas personas o actividades novedosas. Estos pensadores disfrutan los debates, ya que estos les ayudan a encontrar patrones y sentido en el mundo.

Los ENTP son personas energéticas y entusiastas que llevan vidas espontáneas.

INFJ - El defensor: Idealistas silenciosos, originales y sensitivos, los INFJ prestan atención a las posibilidades e ideas del mundo interior. Son extremadamente intuitivos, y regularmente manifiestan una preocupación profunda por las personas y las relaciones.

INFP - El mediador: Idealistas silenciosos y reflexivos, los INFP tienen bien desarrollado su sistema de valores y se esfuerzan a vivir de acuerdo en este. Son idealistas, y siempre miran hacia hacer de este mundo un lugar mejor. Son de mente abierta y no son juiciosas, pero reaccionarán a alguna violación de sus creencias.

ENFJ - El protagonista: Líderes carismáticos e inspiradores, con un excelente don para tratar y relacionarse con las personas. Los ENFJ se centran en ayudar a las personas a aprender y crecer. Lo ven todo desde el punto de vista humano y eso les convierte en mentores naturales. A veces, incluso pueden anteponer las necesidades de los demás a las suyas propias.

ENFP - El activista: Espíritus creativos y entusiastas, quienes piensan que encontrar la felicidad es su misión. Tienen un gran don para tratar y relacionarse con las personas y acogen las relaciones con profundidad e intensidad emocional. Los ENFP suelen tener una amplia gama de intereses y habilidades, y pueden entusiasmarse con nuevas ideas.

ISTJ - El Logístico: Los ISTJ son personas prácticas, constantes y fiables. Bien organizados y trabajadores, trabajan con constancia para conseguir sus objetivos.

Los ISTJ suelen ser convencionales y prefieren los hechos probados a las ideas y los resúmenes o las teorías no probadas. Son extremadamente minuciosos, respondones y fiables.

ISFJ - El defensor: Dedicados y cálidos, los ISFJ siempre están dispuestos a defender o apoyar a sus seres queridos. Son extremadamente perceptivos de los sentimientos de los demás y suelen anteponer las necesidades de los demás a las suyas propias.

Se sienten seguros en las tradiciones y costumbres. Suelen ser muy humildes y mantienen un perfil bajo en todo momento.

ESTJ - El Ejecutivo: Práctico, tradicional y organizado. Saben dominar una situación y tomar las riendas para conseguir los resultados deseados. En otras palabras, son muy buenos para gestionar personas o situaciones. Siguen las reglas y cumplen las normas, y tienen una visión clara de cómo deben ser las cosas.

ESFJ - El Cónsul: Cordiales, sociables y organizados, a los ESFJ les encanta estar rodeados de gente y siempre están interesados en servir a los demás. Valoran las tradiciones y la seguridad, y tienen ideas bien definidas de cómo deben ser las cosas, por lo que a veces pueden ser juiciosos.

ISTP - El Virtuoso: Audaces, analíticos y prácticos, a los ISTP les gusta encontrar la lógica y el orden en la tecnología, por lo que suelen ser buenos con las cosas mecánicas. Son un poco complicados en sus deseos.

Les gusta entender la aplicación práctica de las cosas y cómo se pueden utilizar. Suelen disfrutar de los deportes extremos y las aventuras emocionantes.

ISFP - El aventurero: Artistas serios, sensibles y amables, los ISFP no juzgan y son tolerantes con la gente. No les gustan los conflictos, por lo que no suelen hacer nada que pueda resultar conflictivo. Son originales y creativos, y buscan la belleza estética. En lugar de ser un líder, los ISFP prefieren desempeñar un papel de apoyo.

ESTP - El emprendedor: Enérgicos, dominantes y orientados a la acción, los ESTP disfrutan de verdad viviendo al límite. Los ESTP prefieren "hacer" que cualquier otra cosa y se centran en los resultados inmediatos. Son aventureros que asumen riesgos y llevan un estilo de vida acelerado. Pueden aburrirse fácilmente cuando no están haciendo algo emocionante.

ESFP - El animador: Espontáneos, enérgicos y divertidos, los ESFP están orientados a la gente y son amantes de la diversión.

Les gusta ser el centro de atención en las situaciones sociales. Son muy entusiastas de la vida y hacen que las cosas sean más divertidas para los demás con su disfrute.

Ahora que has leído la lista completa de los 16 tipos de personalidad, estoy seguro de que tienes una idea más clara de los tipos de personalidad que existen. Espero que hayas podido hacer el test y descubrir cuál es tu propio tipo. Conocer tu tipo de personalidad es importante porque entenderte a ti mismo tiene un impacto significativo en lo que eres y en lo que quieres llegar a ser.

Todos los tipos son iguales: El objetivo de conocer el tipo de personalidad es comprender y apreciar las diferencias entre las personas. Como todos los tipos son iguales, no existe el mejor tipo.

El instrumento MBTI clasifica las preferencias y no mide los rasgos, la capacidad o el carácter.

. . .

El instrumento MBTI es diferente de muchos otros instrumentos psicológicos y también de otros tests de personalidad.

La mejor razón para elegir el instrumento MBTI para descubrir su tipo de personalidad es que cientos de estudios realizados en los últimos 40 años han demostrado que el instrumento es válido y fiable. En otras palabras, mide lo que dice que mide (validez) y produce los mismos resultados cuando se administra más de una vez (fiabilidad). Cuando quiera un perfil preciso de su tipo de personalidad, pregunte si el instrumento que piensa utilizar ha sido validado.

La teoría del tipo psicológico fue introducida en la década de 1920 por Carl G. Jung. La herramienta MBTI fue desarrollada en la década de 1940 por Isabel Briggs Myers y la investigación original se llevó a cabo en las décadas de 1940 y 1950. Esta investigación continúa, proporcionando a los usuarios información actualizada y nueva sobre el tipo psicológico y sus aplicaciones. Millones de personas en todo el mundo han realizado el Indicador cada año desde su primera publicación en 1962.

En qué se diferencia el MBTI de otros instrumentos:

En primer lugar, el MBTI no es realmente un "test". No hay respuestas correctas o incorrectas y un tipo no es mejor que otro. El propósito del indicador no es evaluar la salud mental ni ofrecer ningún tipo de diagnóstico.

Además, a diferencia de muchos otros tipos de evaluaciones psicológicas, sus resultados no se comparan con ninguna norma. En lugar de observar su puntuación en comparación con los resultados de otras personas, el objetivo del instrumento es simplemente ofrecer más información sobre su propia personalidad única.

Fiabilidad y validez: Según la Fundación Myers & Briggs, el MBTI cumple con los estándares aceptados de fiabilidad y validez. Sin embargo, otros estudios han encontrado que la fiabilidad y la validez del instrumento no se han demostrado adecuadamente.

Los estudios han encontrado que entre el 40% y el 75% de los encuestados reciben un resultado diferente después de completar el inventario por segunda vez.

Un libro de 1992 del Comité de Técnicas para la Mejora del Rendimiento Humano y el Consejo Nacional de Investigación sugiere que "no hay suficiente investigación bien diseñada para justificar el uso del MBTI en los programas de orientación profesional". Muchas de las pruebas actuales se basan en metodologías inadecuadas".

El principal problema de los psicólogos con el MBTI es la ciencia que lo respalda, o la falta de ella. En 1991, un comité de la Academia Nacional de Ciencias revisó los datos de la investigación del MBTI y observó "la problemática discrepancia entre los resultados de la investigación (la falta de valor demostrado) y la popularidad".

El MBTI nació de ideas propuestas antes de que la psicología fuera una ciencia empírica; esas ideas no se probaron antes de que la herramienta se convirtiera en un producto comercial. Pero los psicólogos modernos exigen que un test de personalidad pase por ciertos criterios para ser confiable. "En las ciencias sociales, utilizamos cuatro estándares: ¿Son las categorías fiables, válidas, independientes y completas?"

Algunas investigaciones sugieren que el MBTI no es fiable porque la misma persona puede obtener resultados diferentes al volver a realizar el test. Otros estudios han cuestionado la validez del MBTI, es decir, la capacidad del test para relacionar con precisión los "tipos" con los resultados en el mundo real; por ejemplo, el rendimiento de las personas clasificadas como un determinado tipo en un trabajo determinado.

·  ·  ·

La empresa Myers-Briggs afirma que los estudios que desacreditan el MBTI son antiguos, pero sus resultados siguen perpetuando en los medios de comunicación.

Desde aquellas primeras críticas, la empresa dice que ha realizado su propia investigación para perfeccionar el test y evaluar su validez. "Cuando se analiza la validez del instrumento [el MBTI], es tan válido como cualquier otra evaluación de la personalidad", dijo a USA Today Suresh Balasubramanian, director general de la empresa.

Sin embargo, algunas de las limitaciones del test son inherentes a su diseño conceptual.

Una de las limitaciones son las categorías en blanco y negro del MBTI: Se es extrovertido o introvertido, se juzga o se siente. Esto es un defecto, porque la gente no cae limpiamente en dos categorías en cualquier dimensión de la personalidad; en cambio, la gente tiene muchos grados diferentes de la dimensión. Y, de hecho, la mayoría de las personas se acercan a la media, y relativamente pocas se sitúan en uno de los extremos". Al colocar a las personas en cajas ordenadas, estamos separando a personas que en realidad son más parecidas entre sí que diferentes".

. . .

El MBTI puede estar pasando por alto aún más matices al evaluar sólo cuatro aspectos de las diferencias de personalidad. Hace varias décadas, los investigadores de la personalidad habían determinado que había al menos cinco dimensiones principales de la personalidad, y pruebas más recientes han demostrado que hay seis. Una de esas dimensiones tiene que ver con lo honesto y humilde que es alguien frente a lo engañoso y engreído, y la otra dimensión tiene que ver con lo paciente y agradable frente a lo irascible y discutidor que es alguien.

No es del todo inútil: Algunos de los defectos del MBTI se derivan de la naturaleza compleja y desordenada de la personalidad humana. Las categorías ordenadas del MBTI hacen que la personalidad parezca más clara y estable de lo que realmente es, según David Pincus, profesor de psicología de la Universidad Chapman de California. Los psicólogos prefieren otras herramientas, como los Cinco Grandes, que evalúan la personalidad basándose en la posición de un individuo en el espectro de cinco rasgos: amabilidad, conciencia, extraversión, apertura a la experiencia y neuroticismo. Según los expertos, el modelo de los Cinco Grandes tiene un mejor historial de validación científica que el MBTI.

Sin embargo, el MBTI no es del todo inútil.

·  ·  ·

Las personas se sienten atraídas por pruebas como el MBTI por el deseo de comprenderse a sí mismas y a los demás. Las cuatro dimensiones de las que se derivan los tipos del MBTI son útiles para describir la personalidad de las personas.

E incluso cuando los resultados del MBTI no coinciden del todo con tu intuición sobre ti mismo o simplemente son erróneos, pueden aportar información. Muchas personas que han realizado el MBTI han notado este efecto. Como escribió un antiguo empleado de Bridgewater Associates (un fondo de cobertura casi tan famoso por hacer que sus empleados se sometan a pruebas de personalidad como por sus 120.000 millones de dólares en activos) en Quartz, las etiquetas del MBTI nunca parecían describir completamente a una persona. En cambio, el valor real del test parecía estar en el esfuerzo por "reconciliar las diferencias entre lo que nos dicen los resultados del test y lo que sabemos que es cierto sobre nosotros mismos".

En este sentido, el MBTI puede servir como punto de partida para la autoexploración, al proporcionar a las personas una herramienta y un lenguaje para reflexionar sobre sí mismas y sobre los demás. El test es "un portal a una práctica elaborada de hablar y pensar sobre quién eres", escribió Merve Emre, profesora asociada de inglés en la Universidad de Oxford (Reino Unido), en "The Personality Brokers", una revisión de la historia del MBTI.

En última instancia, no es la etiqueta del MBTI, sino el poder de la introspección lo que impulsa los conocimientos y, a veces, alimenta la motivación para tomar medidas para cambiar la propia condición.

El MBTI en la actualidad: Debido a que el Indicador de Tipo de Personalidad Myers-Briggs es relativamente fácil de usar, se ha convertido en uno de los instrumentos psicológicos más populares que se utilizan actualmente. Aproximadamente dos millones de adultos estadounidenses completan el inventario cada año.

Aunque hay muchas versiones del MBTI disponibles en línea, hay que tener en cuenta que cualquiera de los cuestionarios informales que se pueden encontrar en Internet son sólo aproximaciones al verdadero.

El verdadero MBTI debe ser administrado por un profesional formado y cualificado que incluya un seguimiento de los resultados.

.  .  .

Hoy en día, el cuestionario puede administrarse en línea a través del editor del instrumento, CPP, Inc. e incluye la recepción de una interpretación profesional de sus resultados.

La versión actual del Indicador de Tipo Myers-Briggs incluye 93 preguntas de elección forzada en la versión norteamericana y 88 preguntas de elección forzada en la versión europea. Para cada pregunta, hay dos opciones diferentes entre las que el encuestado debe elegir.

Lo que hemos aprendido:

Es importante encontrar tu tipo de personalidad porque te ayudará a entenderte mejor a ti mismo.

Con un conocimiento más profundo de ti mismo estarás mejor equipado para descubrir qué tipo de trabajo y profesión te llevará a la felicidad y a un mayor éxito.

El Indicador de tipo Myers-Briggs afirma que existen dieciséis tipos de personalidad diferentes.

· · ·

Hay ocho características que nos ayudan a determinar nuestros tipos de personalidad y están emparejadas.

Cada par constituye una categoría diferente: Extraversión - Introversión, Sensibilidad - Intuición, Pensar - Sentir, Juzgar - Percibir.

Hay dieciséis tipos de personalidad muy diferentes y distintos, por lo que es importante que determines cuál se aplica a ti.

Esto puede parecer una pérdida de tiempo, pero es necesario si quieres tener todas las herramientas para dar lo mejor de ti en este proceso.

Preguntas para hacerte a ti mismo:

- ¿Qué es lo que más me motiva o impulsa a tener éxito?
- ¿Cuáles son las cinco palabras que más me describen?
- ¿Qué me hace único?
- ¿Qué es lo que más valoro?
- ¿En qué miento? ¿Por qué?

- ¿Soy una persona que asume riesgos?
- ¿Soy una persona paciente?

Estas preguntas y sus respuestas te ayudarán a explorarte a un nivel más profundo. En el próximo capítulo, se te ayudará a encontrar lo que más te interesa y se te enseñará a utilizarlo en tu elección de carrera basada en tus pasiones.

## 4

## Encuentra tu pasión

ENCONTRAR lo que realmente te interesa puede ayudarte a superar tu miedo a lo desconocido. Mucha gente no sabe dónde está su pasión, o en qué consiste la pasión. Uno de los primeros pasos es averiguar qué te impulsa, qué te interesa, cuáles son tus ambiciones y qué hace cantar a tu corazón.

Cuando pienses en la felicidad e imagines que el sentimiento brota de ti como una caja de sorpresas, pregúntate: "¿Cuándo fui feliz por última vez?". "¿Qué estaba haciendo?" "¿Dónde estaba?" Quizá fue cuando estabas con los niños o los ancianos. ¿Fue cuando saliste de la ciudad solo o con amigos cantando a pleno pulmón? ¿Fue un momento que pasaste con la familia? ¿O tal vez fue simplemente tomar un baño en la dicha de tu propio silencio? Cuando descubras qué es lo que te hace más feliz, podrás averiguar dónde están tus pasiones y los intereses que te motivan.

Cómo identificar y perseguir tus pasiones: Siendo un entrenador personal de vida, muchas personas han venido a mí y me han preguntado: "¿Por qué es que sobresalgo en el trabajo que estoy haciendo, pero simplemente no me gusta?" Esta es una pregunta que se escucha más veces de las que te puedes imaginar.

Hay una respuesta directa a esta pregunta. Somos buenos en muchas cosas, pero no tiene por qué gustarnos lo que hacemos bien. La razón por la que la mayoría de la gente es buena en su trabajo pero se siente miserable en lo que hace es que eligió una carrera con responsabilidades que no se ajustan a su personalidad. Están haciendo cosas que han aprendido a hacer pero no tienen habilidades naturales para hacerlas. Así que aquí tienes unos cuantos pasos para encontrar tus intereses y poder vivir una vida apasionada.

1- Recuerda lo que te hacía feliz cuando eras pequeño: Cuando recordamos cuáles eran nuestros intereses cuando éramos niños, podemos relacionarlos con lo que nos gusta hacer ahora. Antes de pensar en lo que vas a hacer, recuerda a qué te gustaba jugar. ¿Era salir con tus amigos al parque de la calle? ¿Era perseguir a un perro o a una mascota? ¿Te gustaba hablar por teléfono? ¿O contar historias alrededor de la hoguera? ¿Explorabas mucho? Sea lo que sea, es fundamental que vuelvas a ponerte en contacto con esos intereses naturales para aprender más sobre lo que puedes hacer con ellos. Ahora pregúntate lo siguiente. ¿Cuáles eran tus intereses en el pasado? ¿Son los mismos ahora?

Repasemos el ejemplo de la vida de Luisa. Luisa de pequeña era muy atenta, pensativa y callada. No tenía muchos amigos, pero los que tenía eran muy buenos.

Cuando estudiaba la primaria, en el primer grado, Luisa jugaba a los astronautas con sus amigos: ellos amaban ese juego. Mientras unos piloteaban la nave espacial, otros caminaban por Marte o cuidaban de que la misión siguiera su curso desde la tierra.

Creaban y recreaban diferentes escenas de acción o se ponían a discutir y a platicar como sería el espacio en la vida real: si ahí hay agua, si se puede respirar sin casco, si se pueden tener mascotas en el espacio, en fin, una infinidad de temas. Además de tener estas horas de juego, Luisa disfrutaba ampliamente de las clases de matemáticas. Ella creía que con las matemáticas podría entender más el mundo, incluso ese mundo espacial que tanto imaginaba con sus amigos.

Si bien Luisa, al crecer, no se volvió astronauta, sí se volvió ingeniera química. No es que no haya cumplido su sueño, sino que al crecer incorporó aspectos más amplios de su realidad y de su autoconocimiento y decidió que la ingeniería química era más para ella.

Pero la semilla de estas ansías de entender más el mundo, de curiosidad, imaginación, de interés por las matemáticas estuvo presente en su vida desde la niñez.

Aquella niña que quería entender más el mundo ya lo está haciendo.

Lo importante es que, no solamente recuerdes las vivencias de tu niñez, sino que lleves esas experiencias a tu presente.

2 - No pienses mucho aún en cuánto va a ser tu ganancia monetaria: Si el dinero no fuera una opción y todos viviéramos mediante trueques, o si el dinero no existiera, ¿cómo pasarías tu tiempo? ¿Estarías con sus hijos? ¿Viaja-

rías? ¿Serías investigador? ¿O ayudarías a tus vecinos convirtiéndote en un ciudadano amable? La cuestión es que si te centras en cuánto dinero vas a ganar en comparación con otros trabajos, probablemente te quedarás atascado haciendo lo que no te gusta.

Además, ten en cuenta que no solo de dinero subsiste el ser humano. Imagina las experiencias que tendrías al hacer lo que te apasiona, las personas y los lugares que podrás conocer, los conocimientos que podrás tener y la felicidad a tu alcance. Eso sí, Sé realista, si bien el dinero no lo es todo, sí es importante. Por eso es necesario que haga un balance entre un idealismo y un realismo: el justo medio será perfecto para que lleves a cabo los planes de tu vida de la mejor opción posible.

3- Pide consejo a tus amigos y familiares: Nadie nos conoce mejor que aquellos de los que nos rodeamos mientras crecemos. Busca la opinión y el apoyo de aquellos con los que te relacionas. Tus amigos y familiares te contarán historias y compartirán recuerdos sobre lo que te divertías haciendo. Aprovecha un día y llévalos a comer. Crear vínculos también es una gran habilidad para tener en cualquier escenario o interés.

Tus familiares y amigos quizás no sean expertos en los temas que te interesan, pero en lo que sí te pueden ayudar es compartiendo sus experiencias de vida. Tu padre también tuvo que pasar por un procedimiento muy parecido al tuyo: tuvo que prepararse, conseguir trabajo; seguramente ha sufrido ansiedades y pensamientos negativos muy parecidos a los tuyos. ¡Escúchale! de seguro tiene algo que decirte. Lo mismo con tu madre, abuelos y abuelas. Cada experiencia de vida es individual e incomparable, pero compartiendo puedes encontrar paralelismos y quizás otras experiencias te puedan ayudar en tu propia experiencia.

Algo similar pasa con las amistades.

La mayoría de las veces nuestros amigos tienen la misma edad que nosotros o una cercana. Es muy probable que estén viviendo una situación muy parecida a la tuya: acércate a ellos, dialoguen, ¡juntos quizás encuentran las respuestas o soluciones a sus propios problemas! Lo importante es el diálogo y la transparencia y honestidad en las relaciones.

4- Lee el catálogo de cursos de la universidad: Si sigues atascado y no tienes ni idea, prueba a echar un vistazo al catálogo de cursos. Si ves algo que despierta tu interés, investiga sobre el resultado final de trabajar realmente un día en la vida de este. Mientras lees el catálogo, pregúntate en qué te sentirías cómodo enseñando si lo supieras todo. Qué temas te asustan y cuáles te parecen demasiado fáciles. Una vez que encuentres un interés, habrás encontrado algo en lo que incursionar y ver si realmente te gusta.

En este paso es importante que no ahogues o pares tu imaginación. No te autolimites. Si una carrera te interesa, investígala, incluso si se te hace muy poco probable que llegues a incursionar en ella.

5- Descubre a tu héroe que te inspire: Pregúntate a quién admiras más en este mundo. ¿Es la cantante Nathy Peluso? ¿El presentador de un programa de entrevistas, Omar Chaparro? ¿Es tu dermatólogo? ¿Tal vez sea tu estilista? Sea lo que sea, o quien sea, una vez que lo encuentres, el siguiente paso es preguntarle cómo ha llegado a donde está. ¿Qué pasos han tenido que dar y, sobre todo, si les gusta lo que hacen?

Busca en internet entrevistas que le hayan hecho, revisa todo su material artístico o técnico, investiga que dice las otras personas sobre de ellos: es importante que te vuelvas cercano a esa figura heroica, aunque esta no tenga ninguna noticia de ti.

. . .

Si no es posible ponerte en contacto con ellos, investiga lo que puedas sobre ellos. Busca cosas como hojas de datos y sobre la posición que ocupan tus ídolos. ¿Cómo han llegado hasta ahí? Una vez que recojas toda la información, pregúntate: "¿Cómo puedo relacionarme con esto?" y "¿Me veo en este campo?".

6- Piensa en lo que te gusta hacer y en lo que también eres bueno: Después de todo, concluye todos los datos que has recogido. Tras examinar detenidamente la información que te han proporcionado, piensa en lo que has aprendido. Limita tus búsquedas a las cosas que te gustan y te interesan. Escribe qué aficiones te gustan, ya sea jugar con animales, cuidar de los niños, hacer manualidades, hornear o inventar cosas.

Después, vuelve a reducir la búsqueda a las tres o cuatro cosas que más te interesan.

Para ayudarte en este último punto, te recomendamos que escribas las cosas que te gustan y te interesen en una hoja de papel. Haz la misma lista, pero ahora sobre las cosas que sabes hacer. Es importante que estas dos listas tengan una jerarquía. Mientras más te guste y te interese algo más arriba estará en la lista. Lo mismo con las cosas que sabes hacer.

. . .

Cuando termines tus dos listas, compara: ¿qué similitudes hay entre las dos listas? ¿Hay alguna cosa que esté hasta arriba en ambas listas? ¿cuál es y por qué?

Este recurso te ayudará como guía visual y organizacional de tus pensamientos e intereses.

Lo que hemos aprendido: Este capítulo ha sido corto, pero hemos aprendido lo siguiente dentro de los pasos para encontrar nuestros intereses:

La mayoría de nosotros, en algún momento de nuestra vida, acabamos haciendo algo para ganarnos la vida que no se corresponde con aquello para lo que estamos naturalmente orientados.

Para ganarnos la vida, aprendemos habilidades que necesitamos para hacer nuestro trabajo, pero eso no significa que seamos felices utilizándolas. Es natural que prefiramos utilizar nuestras habilidades e intereses naturales.

En el camino, es posible que hayas olvidado lo que te apasiona. Intenta recordar lo que te entusiasmaba de niño. Sí, el dinero es importante, pero no lo es todo.

. . .

No hagas que el dinero sea un factor cuando consideres tus pasiones.

Tus amigos y tu familia son los que mejor te conocen, así que pídeles su opinión sobre lo que creen que puede entusiasmarte.

Hojea el catálogo de cursos de la universidad para inspirarte. No te olvides de los cursos nocturnos, ¡nunca se sabe lo que puede llamar tu atención!

¿A quién admiras más? ¿Qué pasiones coinciden más con las tuyas? ¿Cómo lo han conseguido y qué consejos puedes tomar de su enfoque?

No te centres sólo en lo que se te da bien, sino también en algo que realmente disfrutes. Así que, ahora que hemos aprendido a encontrar tus intereses, voy a darte una serie de preguntas para que te hagas a ti mismo y puedas profundizar un poco más.

Preguntas para hacerte a ti mismo:

- Cuando era niño, ¿qué me gustaba?
- Cuando era más joven, ¿qué quería llegar a ser?
- Ahora mismo, ¿qué es lo que me entusiasma?
- ¿Pensando qué cosas pierdo la noción del tiempo?
- ¿Sobre qué me encanta leer, investigar o soñar despierto?
- ¿Qué es lo que más me divierte?
- Si pudiera hacer una cosa durante el resto de mi vida, ¿qué sería?
- ¿Me encantaría? ¿Con qué facilidad me aburriría? Si no existiera el dinero, ¿qué haría con mi tiempo?

Ahora que hemos hablado de lo que te interesa, es el momento de profundizar en las oportunidades de lo que te hace grande. Es el momento de preguntarte qué es lo que te esfuerzas en hacer y qué te hace bueno haciendo esas cosas.

## 5

## ¿En qué eres bueno?

---

¿EN QUÉ SOY BUENO? Esta es una pregunta que se hace la mayoría de la gente. Después de vivir una vida llena de experiencias y analizar lo que nos hace felices y lo que nos entristece, uno cree que lo sabría. Pero encontrar lo que se nos da bien no es tan sencillo. Requiere de mucha preparación previa. Es clave que trates de ser, sobre todo, amable contigo mismo.

Piénsalo: muchas personas tienen trabajos que odian porque no han encontrado su verdadera pasión. Son buenos en algunas cosas y eso es lo que hacen, pero no pueden decidir cuál es esa gran cosa que quieren hacer para siempre.

. . .

A muchas personas les costó años y mucha práctica ver en qué eran buenos. Tomemos el ejemplo de Jorge.

Cuando él fue consciente de que iba a ser padre por primera vez, Jorge supo que tenía que mantener a su nueva familia. También sabía que eso significaría ganar más dinero del que le permitía su trabajo de entrenador personal. Tenía ganas de probar a crear un nuevo negocio, algo que fuera suyo de principio a fin.

Así fue como se metió en el mundo del diseño. Probó a diseñar equipos de entrenamiento y una gama de ropa de entrenamiento. Incluso creó la marca de una nueva bebida energética que había creado. Sin embargo, todo esto no llegó a cuajar porque no se centraba en lo que realmente le apasionaba: ayudar a la gente.

La paternidad fue algo natural para Jorge, y este ni siquiera sabía que iba a ser bueno en ello antes de tener hijos. Además, los hijos no vienen con un manual de instrucciones, y se cometen muchos errores. Sin embargo, es bueno cometer errores porque no encontraremos lo que se nos da bien sin ellos.

Otra pregunta que deberías hacerte antes de descubrir en qué destacas es en qué no eres bueno. Averiguar tus puntos fuertes y débiles es el primer paso para descubrir lo que puedes y no puedes hacer. Una cosa es que te interese algo, pero si no se te da bien hacerlo, entonces te habrás preparado para una carrera decepcionante.

Encontrar tus puntos fuertes y débiles: Para identificar tus puntos fuertes y débiles, piensa en las actividades en las que más participas o que más te gustan.

Este ejercicio puede llevar unos días o incluso semanas, pero merece la pena el esfuerzo.

A continuación se te enseñará a encontrar tus puntos fuertes y débiles creando algunas listas, hablando con la gente y probando cosas nuevas. Empecemos por seguir estos tres sencillos pasos:

Paso 1: Haz dos listas de lo que amas hacer y de lo que odias hacer. Para saber en qué eres bueno, primero tienes que averiguar qué te gusta hacer. Así que empecemos por hacer una lista de estas cosas.

Piensa en lo que te gusta e igualmente en lo que no te gusta. En otras palabras, quiero que hagas dos listas: "lo que me gusta hacer" y "lo que odio hacer". Tómate tu tiempo y escribe todo lo que puedas.

. . .

La mayoría de las veces encontrarás tus puntos fuertes y débiles en estas dos listas, sin embargo, a veces lo que te gusta hacer no equivale necesariamente a lo que se te da bien. Tus puntos fuertes son aquellas cosas por las que la gente te felicita constantemente o por las que acude a ti para pedirte consejo. Por eso puede ser muy útil buscar la opinión de otros.

Paso 2: Habla con tus amigos o familiares. El ejercicio de Reflexión sobre el Mejor Yo (RBS) es una buena manera de ayudarte a descubrir cuáles son tus puntos fuertes y débiles. Para ello, enumera nombres de personas en todos los aspectos de tu vida. Esto incluye a amigos, familiares, colegas y antiguos profesores o maestros. El tipo de personas a las que pides consejo también es importante. Busca a alguien en quien puedas confiar y con quien puedas relacionarte.

Quieres hablar con alguien que sea honesto y que haya sido honesto contigo en el pasado. Una vez que hayas decidido a quién pedirle opinión, envíale un correo electrónico o un mensaje sobre tus puntos fuertes y débiles. Te sorprenderá lo útil que puede ser este sencillo ejercicio.

. . .

Paso 3: Experimenta cosas nuevas / Ve a la aventura.

El último paso es salir de tu zona de confort y explorar un poco más tu personalidad. Arriésgate y haz lo que no harías habitualmente. Para encontrar lo que se nos da bien, tenemos que hacer lo que creemos que se nos da bien. Pregúntate esto: ¿Cómo puedo encontrar mi pasión si no estoy dispuesto a salir y ser aventurero?

Como se explica en el primer capítulo, siempre hay tiempo.

Ahora que hemos descubierto cómo averiguar tus puntos fuertes y débiles, vamos a profundizar y ver qué podemos descubrir.

Descubre en qué eres bueno: Si has hecho los ejercicios de los capítulos anteriores, habrás hecho un test de personalidad y habrás descubierto en qué estás interesado. Las siguientes formas te ayudarán a encontrar lo que se te da bien. Empecemos.

1. Haz un test: Como acabamos de mencionar, lo primero que tienes que hacer es tomar un test de personalidad. Te recomiendo encarecidamente que te tomes unos minutos

para hacerlo primero. Por ejemplo, cuando Luis hizo su test de personalidad, descubrió que era bueno en creatividad y persuasión, y por eso es bueno en su elección de carrera de emprendedor y de ser coach de vida.

Lo ideal sería que tomaras el test con la mente tranquila. Trata de que, cuando lo respondas, estés en un ambiente tranquilo y en el cual te sientas cómodo. Esto te ayudará a que lo que respondas sea lo más fiel posible a lo que verdaderamente eres.

2. Mira hacia tu pasado: Lo que la gente no sabe es que ya sabemos lo que nos gusta hacer por nuestras experiencias pasadas. Deja de intentar averiguar lo que quieres hacer. En su lugar, reflexiona y escríbelo para que no se te olvide. Cuando los resultados de la prueba de Luis mostraron la creatividad y la persuasión, este pensó en cuando era un niño. Él era el líder de su grupo, y lo era porque era extrovertido y persuasivo.

Luis era el niño que tenía ideas creativas que todos amaban. Ahora piensa en tu infancia. ¿En qué eras bueno?

. . .

No tienes que responder esta pregunta de forma en que la respuesta sea algún talento o habilidad, tal como "bailar", "tocar tal instrumento", "ser bueno en matemáticas", etc. Igual cuentan como respuestas "ser bueno escuchando", "ser bueno prestando atención", "ser bueno siendo ordenado": cualquier talento cuenta, y no hay talentos "mejores" ni "peores".

3. ¿Qué es lo que se te da con más naturalidad?

Concéntrate en lo que te resulta más fácil. Cuando encuentres la respuesta, esta será la definición de lo que se te da bien.

Por ejemplo, a algunas personas se les da muy bien hacer amigos, y a otras les resulta difícil ser abiertas y vulnerables. ¿Y tú? ¿Qué actividades te resultan naturales?

4. Reflexiona sobre las cosas nuevas que has probado. Cuando saliste de tu zona de confort y probaste algo nuevo, ¿qué notaste? ¿Hiciste una lista y creaste recuerdos al respecto? ¿Cuáles fueron tus sentimientos?

. . .

¿Qué te pareció interesante de esta experiencia? Vuelve a ponerte en situación y concéntrate en aquello que se te daba bien y que no sabías que eras.

5. Piensa en tu elemento. ¿Has pensado alguna vez en tu elemento? Piensa en el momento en que te sentiste más a gusto haciendo algo. Este es tu elemento. Esto es en lo que puedes destacar.

Lo que hemos aprendido:

Descubre en qué eres bueno averiguando cuáles son tus puntos fuertes y débiles.

Empieza por hacer dos listas: lo que te gusta hacer y lo que odias absolutamente hacer. A partir de ahí podrás determinar tus puntos fuertes y débiles.

Utiliza la estrategia del mejor yo reflexivo y haz una lista de personas a las que puedes acudir para que te den su opinión.

No tengas miedo de ampliar tus horizontes y probar cosas que nunca habrías pensado hacer antes. Aventúrate y aprende más sobre ti mismo.

· · ·

Ese test de personalidad que se ha mencionado antes, tenlo preparado y utiliza los resultados para ayudarte.

Las nuevas experiencias y aventuras son muy importantes, pero no te olvides de utilizar también tus experiencias.

Recuerda que disfrutarás más haciendo cosas en las que las habilidades implicadas son las que te resultan naturales y te hacen sentir más cómodo.

Cuando hayas probado algo nuevo o hayas emprendido una nueva aventura, asegúrate de reflexionar sobre ello. ¿Qué te ha gustado? ¿Qué no te ha gustado?

Preguntas para hacerte a ti mismo:

- ¿Qué viene muy fácil hacia mí?
- ¿Cuál es mi elemento?
- ¿Cuáles son mis fortalezas naturales?
- ¿Cuáles son mis debilidades? ¿En qué necesito trabajar?
- ¿Qué dicen los demás sobre mí?
- ¿Qué disfruta más ayudando a la gente?

En el siguiente capítulo aprenderemos y estudiaremos lo que te hace enojar. Abordaremos qué es lo que te hace hervir la sangre, y descubriremos formas de evitarlo.

. . .

Sí, sé que estás confundido sobre qué tiene que ver esto con encontrar tu pasión. No te preocupes, todo se explicará en el próximo capítulo.

## 6

## ¿Qué te hace enojar?

La ira es una emoción poderosa que puede hacerte perder el control si se lo permites. Por otro lado, puedes utilizarla como combustible para encender la pasión y alcanzar objetivos.

Según la Real Academia Española, esta es la definición de ira: "Pasión del alma, que causa indignación y enojo". Es decir, la ira es en estado de nuestra interior en el cual este no está de acuerdo con cierta situación; ahí surge la indignación. Nos encontramos con una situación que no nos parece, nos incomoda, la consideramos una injusticia: las cosas no deberían de ser así, nos decimos.

En un primer momento, esto quizás solo nos cause indignación, pero con el paso del tiempo, si no se restablece la situación a un estado de justicia podemos explotar. Ahí surge el enojo.

En nuestro camino para descubrir nuestra pasión, debemos de entender que cada persona es diferente.

Esto es algo bueno. La individualidad de cada persona hace que cada persona sea especial y diferente, al mismo tiempo. También, por lo tanto, cada persona tendrá un nivel diferente de ira; quizás y alguna persona se enoje más rápido o lento, o quizás no le guste expresar su enojo… en fin, hay un millón de posibilidades. Será tu trabajo autoconocerte y matizar en tu interior cómo te enojas, en cuanto tiempo, por qué lo haces, cómo lo expresas y cómo lo controlas para que así este ejercicio te facilite el camino hacia encontrar tu pasión.

La ira y la frustración pueden provenir de una herida, y muchas veces es una respuesta a una emoción.

Por ejemplo, si tienes ambición por algo, lo único que quieres es que las cosas salgan bien. Pero a veces otra persona, o algún factor externo, puede llegar a tener un efecto adverso en lo que estás haciendo. Cuando esto ocurre, es normal que te enfades. Es natural, ya que lo que hace que tu corazón lata más rápido son las cosas que te importan.

En este capítulo hablaremos de lo que te hace hervir la sangre, de lo que hace llorar a tu corazón, de lo que desearías cambiar y de los pequeños pasos que puedes dar para conseguirlo. Es importante ser completamente sinceros acerca de nuestro comportamiento. Que no te avergüences de reconocerte enojón o caprichoso. En la casa que es tu cuerpo solo vives tú, entonces, ¿quién más te podrá juzgar además de ti? Ninguna emoción y sentimiento es malo. Es malo cuando ya toma un control total de nuestra vida diaria y de nuestros hábitos. Por eso es importante que reconozcas estos sentimientos y emociones en tu interior.

Cómo identificar lo que te desencadena. Las personas se desencadenan por muchas razones.

Digamos que estás en una conversación, todo parece estar bien y luego, de la nada, empiezas a sentir temblores, aumento del ritmo cardíaco, ansiedad, desapego, y empiezas a ponerte húmedo o a sudar rápidamente. Esto sucede porque has sido desencadenado.

. . .

Puede que te hayas desencadenado por un desacuerdo, por diferentes perspectivas a través de una conversación, o puede que esté relacionado con un trauma. Esto es lo que hay que tener en cuenta cuando te has desencadenado, antes de explotar:

1. Presta atención a tu cuerpo. Tu cuerpo empezará a temblar o a sudar y empezará a empeorar gradualmente a medida que avanza la situación en la que te encuentras. Tus músculos están tensos y empiezas a sentir hormigueo o calor. Lo mejor es que te alejes y te calmes, o que aprendas a manejar lo que sea que se te presente en ese momento.

Una vez le pasó lo siguiente a Juan: Juan es fotógrafo.

Tiene 30 años y lleva un poco más de 3 años fotografiando eventos como bodas, bautizos y graduaciones.

Además de tener un trabajo como fotógrafo de eventos, también se dedica a la fotografía artística. Juan tiene en mucha estima a la fotografía. En un evento que estaba cubriendo, mientras tomaba fotos, se le acercaron a él un grupo de señores. Primero platicaron: era una charla amena. Pero después los señores empezaron a hacer comentarios despectivos acerca de la fotografía, así como "la fotografía la puede ejercer cualquier persona", "es muy fácil", "debería de ser más barata".

A Juan, como un fotógrafo profesional con más de 3 años de carrera, esto le enfureció. Pero como estaba muy inmerso en su trabajo, estando atento a capturar momentos, él no se dio cuenta de su enojo. No fue sino cuando empezó a sudar, a temblar, sus manos y cuello estaban tensos y sentía un calor insoportable.

Muchas veces podríamos no darnos cuenta de nuestro estado de enojo.

Ya sea porque estamos en un espacio social o de trabajo, podemos estar tan inmersos en el ambiente que quizás no racionalicemos nuestro enojo. Es importante estar pendiente de cómo te sientes física y fisiológicamente.

2. Vigila tus pensamientos. ¿Hay pensamientos negativos en tu cabeza? ¿Tu cerebro te dice que algo es bueno o malo, correcto o incorrecto, agradable o malvado? Cuando tus pensamientos están poniendo una etiqueta a las cosas, pueden pasar por una serie de emociones y una de ellas será la ira.

. . .

Vigila estos pensamientos y no los juzgues. Recuerda que la ira es un sentimiento natural; es una reacción necesaria de tu cuerpo. Sin embargo, este sentimiento no tiene que dominar tu cuerpo ni la mayoría de tus pensamientos. Es una línea delgada, y es indispensable tenerla en cuenta a la hora de actuar.

3. ¿Qué estabas haciendo? El enfado no proviene sólo de tu interior, sino también de tu entorno.

Piensa en lo que ha pasado o en lo que se ha dicho que te ha hecho enfadar. ¿Fue un día estresante? Tal vez discutiste con un ser querido. Sea lo que sea, asegúrate de que tu ira no proviene de ningún otro sitio.

¿Qué te hace hervir la sangre? ¿Qué te hace querer ir a defender algo? ¿Qué quieres cambiar en este mundo? Si lo piensas bien, lo que te hace enfadar es algo que te importa, y probablemente lo que el mundo necesita.

Cuando te paras y prestas atención a cómo te hace sentir algo, puedes encontrar lo que te importa, lo que te entusiasma y lo que te apasiona.

. . .

¿Te sientes frustrado cuando el tráfico es malo? ¿Te molestan los cachorros que son abandonados? ¿No soportas los plásticos de un solo uso?

¿Lo ves? ¡Hay oportunidades en todas partes! Averigua qué problemas son los más importantes para ti e intenta resolverlos a través de tu carrera.

Cuando empieces a escuchar tu voz interior y te centres en tus puntos fuertes, te empezará a hervir la sangre y lo sentirás.

Si sientes algo profundamente, no ignores ese sentimiento y sigue adelante con tu vida. Tienes el poder para cambiar el mundo. Deja ir tu miedo y abraza tu pasión.

Lo que hemos aprendido:

La ira puede alimentar la pasión de muchas maneras, y es importante averiguar qué es lo que te provoca. Es natural que te apasionen las cosas que te importan. La ira puede ser una demostración de esa pasión, pero hay que mantenerla bajo control.

Es importante prestar atención a lo que te dice tu cuerpo. Tu cuerpo te dirá todo lo que necesitas saber sobre cómo te sientes.

La sudoración excesiva, las sacudidas o los temblores son señales de que tu ira se ha disparado.

Es importante prestar atención a tu cuerpo y a lo que te dice, pero también escuchar tus propios pensamientos. Esto puede ser difícil, ya que se agolpan en tu mente, pero ten cuidado porque se acumulan hasta convertirse en sentimientos de ira.

Intenta averiguar de dónde procede tu ira. ¿Tu ira proviene de algo que está empezando a enturbiar las relaciones y otras áreas de tu vida?

La ira no tiene por qué ser sólo un elemento negativo. Si analizas tu enfado puedes determinar lo que significa y utilizarlo para descubrir tus pasiones.

·  ·  ·

Cuando ves que algo se hace mal, significa que esa cosa te apasiona. Ese enfado puede ser lo que te muestre lo que te apasiona.

Preguntas que debes hacerte:

- ¿Qué me provoca?
- ¿Con qué pensamientos o conversaciones hacen que me hierva la sangre?
- Si se pudiera cambiar el mundo, ¿qué es lo primero que cambiarías?
- ¿Qué pasiones tengo que me hacen enfadar?

En el próximo capítulo, hablaremos de una herramienta que, no solo te será bastante útil en la comprensión de tu enojo, sino que también te auxiliará en la búsqueda de tu pasión: el mindfulness.

## 7

## Introducción al mindfulness

EL MINDFULNESS. Muchas cosas se han dicho de esta práctica pero, ¿cómo practicarla realmente? ¿para qué sirve? ¿en qué puede ser útil en este libro?

De seguro has oído hablar del mindfulness. Tal vez incluso hayas probado a practicar el mindfulness o hayas leído sobre su función para ayudar a controlar el estrés. No eres el único: vivimos en un mundo extremadamente acelerado y, a veces, nos olvidamos de estar atentos a nosotros mismos.

En este capítulo, veremos qué significa realmente el mindfulness y cómo puedes utilizar esta práctica en tu vida diaria. ¿Para qué sirve el mindfulness? También hablaremos de ello y, con suerte, podrás ver por qué el concepto se ha vuelto tan intensamente popular en los medios de comunicación.

¿Qué es el mindfulness? no es raro que la gente equipare el mindfulness con la meditación. Es cierto que la meditación es una forma extremadamente poderosa de practicar el mindfulness, pero eso no es todo.

Según la Asociación Americana de Psicología, el mindfulness es:

"...una conciencia momento a momento de la propia experiencia sin juicio. En este sentido, el mindfulness es un estado y no un rasgo. Aunque puede ser promovido por ciertas prácticas o actividades, como la meditación, no es equivalente ni sinónimo de ellas."

Como vemos, el mindfulness es un estado que puede ser provocado a través de la práctica.

No es algo estático, ni algunas personas "nacen más conscientes" que otras. Implica conciencia, e imparcialidad sobre lo que obtenemos de esta conciencia. En la era de las redes sociales, en la que las opiniones, los gustos y los comentarios son más que frecuentes, es fácil ver cómo la reflexión sin prejuicios puede ser un cambio bienvenido.

Otra definición proviene de Jon Kabat Zinn, que goza de un importante reconocimiento mundial por su trabajo sobre la reducción del estrés basada en la atención plena (MBSR): "La conciencia que surge de prestar atención, a propósito, en el momento presente y sin juzgar".

Esta es la definición más aceptada en la literatura profesional y académica, y quizás más descriptiva para quienes quieren empezar a practicar. Además de la conciencia, Kabat-Zinn nos dice que centremos la atención consciente en el "aquí y ahora". Es un concepto con el que la mayoría de los que practican la meditación ya estarán familiarizados, y es por ello que ambos suelen ir de la mano.

Examinando la psicología detrás de Mindfulness: Sin querer hacer un mal juego de palabras, el aumento de la concienciación pública sobre el mindfulness ha ido acompañado de un aumento de la literatura académica que examina el concepto. Esto significa que no es difícil encontrar estudios empíricos sobre la psicología del mindfulness.

· · ·

La mayoría de ellos se centran en los beneficios de la práctica del mindfulness, en los que profundizaremos en breve. Por el momento, tocamos brevemente algunas áreas de interés para los psicólogos positivos y clínicos por igual.

Estas incluyen:

Definir el constructo de forma operativa, es decir, encontrar una forma científicamente medible (y comprobable) de describir el mindfulness. Bishop y sus colegas (2004) examinan esta cuestión en profundidad en su artículo Mindfulness: A Proposed Operational Definition, que resume una serie de reuniones celebradas con este fin;

Beneficios del mindfulness: cómo su práctica puede ser útil para el bienestar, la calidad de vida y la salud.

Entre los temas más populares en este campo, comprensiblemente vasto, se encuentran los efectos del mindfulness en la salud física y cómo puede ayudarnos a gestionar diferentes síntomas;

Reducción del estrés basada en la atención plena: cómo la atención plena puede ayudarnos a lidiar con la ansiedad, el estrés y el TOC, entre otros. Un estudio fundamental en este campo fue el realizado por Shapiro y sus colegas (1997), que analiza cómo los estudiantes de medicina y de premédica utilizaron la MBSR para hacer frente al estrés; y

Terapia cognitiva basada en el mindfulness, que examina el papel de la atención plena en el tratamiento de la depresión y los trastornos del estado de ánimo.

Y, por supuesto, hay muchos, muchos profesionales que buscan constantemente desarrollar, refinar y aplicar los beneficios psicológicos del mindfulness en áreas nicho.

Comencemos con una mirada a cómo el mindfulness llegó a ser un tema tan influyente en tantas áreas de la práctica.

Historia y origen del mindfulness: Una de las numerosas razones por las que Jon Kabat-Zinn está tan ampliamente vinculado al concepto de mindfulness es porque generalmente se acepta que reimaginó las prácticas de contemplación budistas para una era secular hace casi 40 años. Solo por esta frase, ya sabemos dos cosas.

. . .

Primero, que las prácticas de mindfulness existen desde hace mucho tiempo. En segundo lugar, podemos rastrear al menos una gran parte de su popularidad actual en el mundo occidental hasta el trabajo del Dr. Kabat-Zinn en MBSR.

La propia historia de Kabat-Zinn es, cuando menos, inspiradora, y un buen punto de partida.

Cuando era estudiante del MIT, conoció las filosofías budistas al conocer a Philip Kapleau, un practicante del zen que dio una charla en el Instituto. A continuación, pasó a desarrollar la MBSR en un entorno científico, aportando su aprendizaje de muchos años de enseñanza de la meditación al campo. En 1979, fundó la Escuela de Reducción del Estrés de la Clínica Médica de la Universidad de Massachusetts, donde la MBSR pasó a primer plano.

A medida que el concepto fue ganando adeptos, Kabat-Zinn publicó un libro muy popular titulado Full Living Catastrophe, que también desempeñó un papel importante a la hora de hacer que la práctica del mindfulness y la meditación fueran mucho más accesibles a los círculos mayoritarios. Inspirados por las innumerables aplicaciones seculares del mindfulness, los practicantes de todo el mundo han adoptado la práctica tanto en entornos especializados como en contextos cotidianos.

.  .  .

Entonces, ¿qué hemos tomado exactamente del budismo? Echemos un vistazo.

Una rápida mirada a la atención plena y al budismo:

La Insight Meditation Society, donde Kabat-Zinn ha estudiado y enseñado la práctica de mindfulness, describe tres propósitos de la meditación de mindfulness en su contexto budista.

1. Conocer la mente: Una de las enseñanzas de Buda es que, como humanos, creamos sufrimiento y problemas en nuestra propia mente. Se cree que nuestro sentido del "yo", o de quiénes somos, está muy influenciado por actividades como el egocentrismo, el apego y la discriminación.

Cuando practicamos la reflexión sin juzgar, podemos descubrir más sobre nuestras motivaciones, nuestros sentimientos y reacciones, ser más autoconscientes y, sobre todo, para fines de este libro, podrás descubrir más sobre tus pasiones. Es decir, podemos llegar a estar en sintonía con lo que estamos pensando, con un enfoque global en el "saber", en lugar de juzgar.

.  .  .

2. Entrenar la mente: Como probablemente habrás adivinado, esta conciencia forma parte de tener la poderosa capacidad de entrenar y dar forma a nuestra mente. (Sólo a modo de apunte, es posible que reconozcas aquí algunas fuertes similitudes con las actividades de reencuadre cognitivo dentro de la TCC de forma más general).

Cuando nos volvemos más "conocedores" de nuestros pensamientos, sentimientos y motivaciones, entre otras cosas, podemos explorar formas de ser "más amables, indulgentes y espaciosos con nosotros mismos", además de ser más libres de tomar decisiones y de conocernos más a profundidad.

Podemos fomentar la capacidad de estar más relajados a pesar de lo que ocurre a nuestro alrededor, cultivar el desarrollo de la generosidad, la virtud ética, el valor, el discernimiento y la capacidad de liberar el aferramiento.

3. Liberar la mente: Liberar la mente se basa en la "capacidad de soltar el aferramiento" que acabamos de mencionar.

El no juicio es una parte importante de la filosofía budista, y el tercer propósito es practicarlo contigo mismo. Nos desprendemos de los pensamientos y prácticas no beneficiosas a las que nos aferramos, como la ira, el juicio y otras "contaminaciones de visita". Esto nos ayuda a ver con claridad, a dejar pasar las emociones no deseadas y a permanecer relajados mientras nos abrimos a más de lo que es positivo.

Si esto suena como algo que te beneficiaría, puede que te interese saber que también hay beneficios empíricamente demostrados de la práctica del mindfulness.

7 beneficios según la psicología: La práctica del mindfulness se ha asociado a numerosos beneficios, y la popularidad del tema en la psicología positiva significa que probablemente veremos muchos más.

Los siguientes son sólo algunos ejemplos de lo que la psicología ha demostrado.

1. Mejora de la memoria de trabajo: Según un estudio realizado por Jha y sus colegas en 2010, la meditación del mindfulness se ha vinculado empíricamente con una mayor capacidad de memoria de trabajo. Comparando muestras de participantes militares que practicaron el entrenamiento de meditación de atención plena durante

ocho semanas con los que no lo hicieron, Jha et al. (2010) encontraron pruebas que sugieren que el entrenamiento de mindfulness ayudó a "amortiguar" las pérdidas de capacidad de la memoria de trabajo.

Además, descubrieron que la capacidad de la memoria de trabajo también aumentaba cuando el primer grupo practicaba la meditación de mindfulness. Estos participantes también informaron de un mayor afecto positivo y un menor afecto negativo.

2.Mayor conciencia metacognitiva: En términos sencillos, esto describe la capacidad de separarse de los propios sentimientos y procesos mentales, de dar un paso atrás y percibirlos como sucesos transitorios y momentáneos, en lugar de "lo que somos". En el sentido budista, esto se relacionaría con el "conocimiento" y la "liberación" de la mente.

En cuanto a la psicología empírica, se describe cómo se ha hipotetizado que el mindfulness disminuye los patrones de conducta de pensamiento negativo, aumenta la conciencia metacognitiva y el descentramiento. A su vez, esto puede tener un efecto positivo para ayudar a evitar recaídas en la depresión.

. . .

3. Niveles más bajos de ansiedad: La MBSR ha sido examinada en una gran cantidad de ensayos aleatorios y controlados que encuentran apoyo a su impacto en el alivio de los síntomas de ansiedad. Vøllestad y sus colegas, por ejemplo, encontraron que los participantes que completaron la MBSR tuvieron un impacto positivo de mediano a grande en los síntomas de ansiedad.

También se han encontrado resultados similares en estudios sobre el trastorno de ansiedad social (TAS).

Por ejemplo, el de Goldin y Gross (2010), quienes encontraron evidencia que sugiere que el entrenamiento MBSR en pacientes con TAS ayudó a mejorar en los síntomas de ansiedad y depresión, así como en la autoestima.

4. Reducción de la "reactividad" emocional: También hay pruebas que apoyan el papel de la meditación de mindfulness en la "reactividad" emocional. En una tarea de interferencia emocional llevada a cabo por Ortner y sus colegas en 2007, se pidió a los participantes con amplia experiencia en meditación de mindfulness que clasificaran los tonos que se daban 1 o 4 segundos después de que se presentara una imagen neutra o emocionalmente molesta.

.  .  .

Aquellos con más experiencia en la práctica de la meditación de mindfulness fueron más capaces de desvincularse emocionalmente, lo que significa que mostraron una mayor concentración en la tarea en cuestión incluso cuando se mostraron imágenes emocionalmente perturbadoras.

5. Mejora del procesamiento de la atención visual: Otro estudio realizado por Hodgins y Adair (2010) comparó el rendimiento de "meditadores" y "no meditadores" en tareas de procesamiento de la atención visual.

Los que practicaron la meditación de mindfulness mostraron un mayor funcionamiento atencional a través de un mejor rendimiento en las pruebas de concentración, atención selectiva, y más.

Estos resultados se corresponden con hallazgos anteriores de que el entrenamiento sistemático de meditación de mindfulness estimula mejoras en la atención, la conciencia y la emoción.

6. Reducción del estrés: El entrenamiento de mindfulness también se ha relacionado con la reducción de los niveles de estrés. Un ejemplo de evidencia empírica proviene de

Bränström et al. (2010), quienes encontraron que los pacientes con cáncer que participaron en el entrenamiento de mindfulness tuvieron una reducción significativa del estrés auto reportado que aquellos que no lo hicieron. También mostraron mayores estados mentales positivos y menos síntomas de evitación postraumática, como la pérdida de interés en las actividades.

7. Control del dolor físico: También hay investigaciones que sugieren que el mindfulness puede tener un papel en la gestión del dolor subjetivo.

Esta lista no es en absoluto exhaustiva. De hecho, hay muchos más estudios sobre temas como la reducción de la angustia psicológica, el aumento de la concentración y muchas más aplicaciones de las ideas anteriores en entornos mucho más específicos. Pero esperamos que esto sea suficiente para empezar a ver cómo el mindfulness puede ayudarnos en nuestra vida diaria.

La importancia del mindfulness y cómo ayuda: Tanto si quieres practicar el mindfulness para lidiar con la ansiedad o el estrés, como si quieres mejorar tu capacidad de atención, hay muchas pruebas científicas a tu favor.

. . .

El mindfulness puede ayudarnos a lidiar con la depresión, aumentar nuestro bienestar psicológico, controlar el dolor físico e incluso tener mejor memoria.

Cuando se trata de la forma en que pensamos y sentimos, ser conscientes de nuestras emociones nos ayuda a cambiar a una mentalidad más positiva y a trabajar para ser una persona "mejor", o al menos, más feliz.

En cuanto a las relaciones, como veremos dentro de poco, tiene implicaciones positivas en la forma de comunicarnos y relacionarnos con quienes nos rodean.

Sin embargo, todos los estudios tienen algo en común.

Esto es, que para obtener los beneficios, deberás encontrar un método de práctica de mindfulness que te funcione.

A través de la práctica, ya sea una intervención o una meditación, podemos aprender a cultivar el estado mental que nos permite estar atentos cuando sentimos que más lo necesitamos. Si eliges hacer un curso online o descargarte guiones para ayudarte sobre la marcha, ya estás en el camino hacia tu objetivo.

No te preocupes. Un poco más adelante, nos pondremos un poco más específicos, dando algunos ejemplos de cómo el mindfulness puede desempeñar un importante papel de ayuda en tu vida diaria.

Cómo puede afectar el mindfulness a nuestra salud mental: El mindfulness puede ayudarnos a mejorar nuestro bienestar mental al menos de dos maneras. La terapia y las intervenciones basadas en el mindfulness adoptan un enfoque más estructurado para abordar los síntomas de la salud mental, mientras que los enfoques menos estructurados pueden encontrarse de muchas formas y abarcan toda una diversidad de temas diferentes. Veamos brevemente ambos.

Terapias e intervenciones basadas en la atención plena: Dado que la ansiedad y la depresión son dos de las enfermedades mentales más prevalentes en el mundo, no es de extrañar que dos de las intervenciones basadas en mindfulness más conocidas se centren en abordar estos estados mentales.

. . .

La Reducción del Estrés Basada en la Atención Plena (MBSR, por sus siglas en inglés), iniciada por el Dr. Kabat-Zinn en la Escuela de Reducción del Estrés de la UMass, es un enfoque grupal. Se centra en la idea de que puede utilizarse una gama flexible de prácticas de atención plena para ayudar a las personas a afrontar las dificultades del estrés y las enfermedades mentales relacionadas con la ansiedad. Por lo general, esto implica una combinación de yoga y/o meditación de atención plena, aprovechando diferentes técnicas para aliviar el estrés.

La Terapia Cognitiva Basada en la Atención Plena (MBCT) es también un programa de grupo que se utiliza para ayudar a las personas con depresión recurrente a reducir sus síntomas y prevenir las recaídas. La MBCT incluye tanto la terapia cognitivo-conductual (TCC) como las prácticas de mindfulness, como la respiración consciente y la meditación. La aceptación es una parte central de la MBCT, ya que los participantes aprenden enfoques para reencuadrar, en lugar de eliminar, sus sentimientos.

Práctica diaria del mindfulness: Como es de esperar, muchos de los enfoques más informales para practicar la atención plena también incluyen la meditación y el yoga. También es fácil apuntarse a clases, retiros, programas y charlas, pero la forma más fácil de empezar de inmediato es probar ejercicios especiales que puedes hacer en casa.

¿Puede ayudar a mejorar nuestro bienestar?: Si los beneficios anteriores no son suficientes para convencerte, hay más formas en las que la práctica del mindfulness puede ayudarte a mejorar tu bienestar.

El mindfulness puede ayudarte a:

- Regular y expresar tus emocione
- Desarrollar y utilizar mejores estrategias de afrontamiento.
- Distraerse menos fácilmente en actividades no relacionadas con la tarea.
- Ayudar a dormir mejor.
- Practicar la autocompasión.
- Potencialmente, construir la resiliencia.

¿Puede ser perjudicial el mindfulness?: La práctica de mindfulness tiene algunas similitudes con la práctica de deportes. Adopta un enfoque responsable para cualquier práctica que elijas y, en la mayoría de los casos, estarás bien. Sin embargo, el aumento masivo del interés por el mindfulness ha provocado algunas investigaciones sobre sus posibles desventajas. Algunos de ellos son:

· · ·

Formación de falsos recuerdos. La investigación de Wilson y sus colegas (2015) proporciona resultados que sugieren que la meditación de mindfulness puede hacer que las personas sean más susceptibles a los recuerdos falsos. Es decir, los participantes que practicaron la meditación de mindfulness en el estudio mostraron algunas deficiencias en su capacidad para monitorear la realidad.

Descartando mentalmente tanto los pensamientos positivos como los malos. Otro estudio descubrió que la práctica de mindfulness de "descartar los pensamientos negativos" puede llevarnos a descartar también los positivos y fortalecedores.

Cabe mencionar que este efecto era mucho más notable cuando los participantes escribían físicamente los pensamientos y luego los desechaban, en lugar de limitarse a imaginar el escenario.

Evitar los pensamientos difíciles. Algunos practicantes pueden utilizar el mindfulness para evitar tareas más exigentes desde el punto de vista cognitivo, eligiendo retirarse a un estado de mindfulness en lugar de comprometerse con un problema en cuestión (Brendel, 2015).

. . .

Síntomas físicos y psicológicos. Algunos estudios han encontrado casos en los que la meditación de mindfulness se ha relacionado con posibles reacciones adversas. Estas incluyen desrealización, despersonalización y, entre otras cosas, alucinaciones (Lustyk et al., 2009).

Si te preocupa alguno de estos hallazgos, puede que encuentres los documentos anteriores como una lectura interesante. En general, utiliza tu mejor criterio cuando pruebes cualquier técnica nueva con la que no estés familiarizado.

¿Es lo mismo que la conciencia o la concentración? Ya hemos visto varias definiciones de mindfulness, pero es natural preguntarse en qué se diferencia de la conciencia y la concentración en general.

Según Merriam Webster (2019), la conciencia se define como:

"Tener o mostrar realización, percepción o conocimiento".

Mientras que mindfulness implica conciencia en varios sentidos, también incluye el no juicio y es (en la mayoría de los casos, al menos) una actividad consciente. Ser consciente de que hay una manzana en la mesa, por ejemplo, no significa que estemos libres de juicios sobre ella.

La concentración, por otro lado, Merriam Webster la define como:

"El estado de estar concentrado", es decir, "La dirección de la atención a un solo objeto".

Inherente a esta última definición está la idea de un enfoque intenso en un estímulo, a menudo a expensas de otros. Si suprimimos otras cosas de nuestra atención, no estamos simplemente "dejándolas existir". No podemos estar relajados y aceptar las cosas como son si estamos ocupados suprimiendo nuestra atención en otras áreas.

Lo que no es: Mindfulness vs Mindlessness: La diferencia entre mindlessness y mindfulness puede parecer obvia: en uno se presta atención y en el otro, quizás no tanto. Según Ellen Langer, que ha hecho importantes contribuciones al movimiento de mindfulness, mindfulness y mindlessness son, de hecho, conceptualmente distintos. Es decir, mindfulness describe: "...un estado de conciencia en el que el individuo es implícitamente consciente del contexto y el contenido de la información. Es un estado de apertura a la novedad en el que el individuo construye activamente categorías y distinciones".

Por otro lado, el mindlessness es: "...se caracteriza por un exceso de confianza en las categorías y distinciones trazadas en el pasado y en el que el individuo depende del contexto y, como tal, es ajeno a los aspectos novedosos (o simplemente alternativos) de la situación."

Langer describe el mindlessness como algo que suele estar tipificado por una falta (a veces completa) de conciencia, en la que el compromiso cognitivo se hace con la información que se ha recibido. Se presta muy poca atención al contexto cuando alguien está siendo "mindless", a menudo porque una pieza de información parece poco importante al principio, o se recibe como una instrucción.

3 ejemplos de habilidades de mindfulness en la vida cotidiana: Como prometimos, hemos reunido algunos ejemplos concretos de habilidades de mindfulness en el día a día. Es posible que ya estés familiarizado con algunos de ellos, o que recurras a ellos en situaciones a las que te enfrentas con frecuencia.

. . .

1. Caminar de A a B: Basándonos en los consejos de mindfulness anteriores, hay formas en las que la conciencia y la reflexión sin juicios de valor pueden transformar las actividades más mundanas en una experiencia que hay que disfrutar. Mientras caminas hacia el trabajo o las tiendas, observa cada paso.

En lugar de dejar que tu mente se pierda en patrones o procesos de pensamiento, toma conciencia de lo que estás haciendo. Fíjate en cómo sientes cada paso, en cómo la brisa toca tu piel o despeina tu ropa. Si caminas junto a árboles o agua, escucha los sonidos y observa los colores. Experimenta todo ello con la atención puesta en el aquí y el ahora.

2. Al hablar con los demás: Utilicemos a Luis y a Juan como ejemplo de cómo la sintonización sin juicios de valor muestra la atención plena en el trabajo. Luis está descontento con Juan y trata de explicarle sus sentimientos. Aunque sus palabras salen un poco confusas y llenas de emoción, Juan puede intentar escuchar sin juzgar.

Sin reaccionar emocionalmente, y prestando atención sin elaborar una respuesta en su mente. En su lugar, puede prestar atención a lo que Luis está diciendo y responder de una manera más compasiva y significativa. En lugar de discutir sin escuchar, esto les ayuda a ambos a llegar a un resultado más productivo a la vez que profundizan en su relación y construyen confianza.

3. Antes de un gran discurso: Hablar en público puede hacer que muchos de nosotros nos sintamos intimidados, y eso está bien. Si quieres practicar el mindfulness para ayudarte a lidiar con el estrés que sientes, empieza con una respiración suave. Busca un lugar tranquilo para tomarte un momento y centrarte en lo que sientes. En lugar de centrarte en los pensamientos negativos, intenta descentrarte, es decir, acepta y reconoce que así es como te sientes, pero que eso no es lo que eres.

Puedes mover tu conciencia hacia las sensaciones físicas que estás experimentando, concentrándose en cada parte de tu cuerpo mientras dejas que se relaje. Fíjate en lo que sientes cuando tus músculos se relajan y dejan de estar estresados.

10 consejos para practicar Mindfulness: Se dijo que había maneras de empezar de inmediato. Así que, ¡vamos a sumergirnos en algunos consejos! Esperemos que estos te ayuden a empezar a practicar mindfulness:

· · ·

1. Tómate unos momentos para ser consciente de tu respiración.

Tomar conciencia de cómo tu respiración fluye hacia dentro y hacia fuera, cómo tu barriga sube y baja con cada respiración que haces.

2. Toma nota de lo que sea que estés haciendo. Mientras estás sentado, comiendo o relajándote, ¿qué te dicen tus sentidos -no tus pensamientos-?

Observa el aquí y el ahora. Si estás estirando, por ejemplo, observa cómo se siente tu cuerpo con cada movimiento. Si estás comiendo, concéntrate en el sabor, el color y los detalles de la comida.

3. Si vas a algún sitio, céntrate en el aquí y el ahora.

En lugar de dejar que tu cerebro se pierda en los pensamientos, devuélvelos al acto físico de caminar. ¿Cómo te sientes?

· · ·

Presta menos atención a dónde vas y más a lo que haces al pisar y a cómo sientes tus pies. Este es un buen ejercicio para probar en la arena o en la hierba.

4. No necesitas estar haciendo algo en cada momento. Está bien sólo... existir.

Simplemente existe y relájate. De nuevo, esto es sobre el aquí y el ahora.

5. Si notas que vuelves a pensar, céntrate una vez más en tu respiración.

Puedes volver a centrarte en cómo entra y sale la respiración de tu cuerpo, y si puedes sentir que tus músculos se relajan mientras lo haces, eso es aún mejor.

6. Comprende que tus procesos mentales son sólo pensamientos; no son necesariamente verdaderos, ni requieren que actúes.

El mindfulness consiste simplemente en ser, y en estar relajado aceptando las cosas que te rodean tal y como son. Esto también se aplica internamente: es parte de conocer tu mente.

7. Intenta escuchar de una manera totalmente libre de juicios.

Puedes notar que eres más consciente de tus propios sentimientos y pensamientos. No los juzgues, simplemente acéptalos.

8. Puede que te des cuenta de que ciertas actividades te hacen desconectar. Estas son grandes oportunidades para practicar una mayor conciencia. ¿Qué estás haciendo o experimentando?

Este es un ejemplo de cómo la práctica de mindfulness puede formar parte de tu día con flexibilidad. Puedes practicar mindfulness mientras conduces, caminas, nadas o incluso mientras te cepillas los dientes.

9. Tómate un tiempo para disfrutar de la naturaleza.

· · ·

Un entorno relajante puede ayudarte a sintonizar con mayor facilidad. Además, estar en la naturaleza tiene muchos beneficios propios para el bienestar.

10. Permítase notar cuando su mente se desvía hacia el juicio. Recuerda que esto es natural y no tiene por qué formar parte de tu "yo".

Parte de la práctica de mindfulness significa liberar tu mente de prácticas como el juicio. Con el tiempo y la práctica te resultará más fácil.

11 formas en las que el mindfulness puede empoderarnos: Si te estás preguntando de qué manera el mindfulness puede potenciarnos, ¡recapitulemos!

El mindfulness puede ayudarnos a gestionar nuestras emociones y sentimientos en situaciones de estrés.

A través de la práctica, podemos aprender a descentrarnos de las "formas de ser" negativas y liberar nuestra mente.

. . .

La práctica del mindfulness nos permite dar un paso atrás y aceptar nuestros propios procesos mentales sin juzgarlos.

Puede ayudarnos a hacer frente a los sentimientos de ansiedad, e incluso a la depresión.

La práctica de mindfulness en la vida cotidiana puede llevarnos a saborear realmente las experiencias con nuevas perspectivas.

La práctica de mindfulness en las relaciones puede ayudarnos a escuchar mejor, a apreciar más a los demás y a llevarnos bien en el trabajo.

Las investigaciones sugieren que el mindfulness nos ayuda en los procesos atencionales.

Incluso podemos ser capaces de manejar el dolor físico utilizando mindfulness.

La práctica de mindfulness nos ayuda a no reaccionar instantáneamente con la emoción.

. . .

Podemos ser más conscientes de cómo practicamos la autocompasión.

El mindfulness puede ayudarnos en nuestros intentos de desarrollar la resiliencia.

Lo que hemos aprendido:

El mindfulness es una práctica y filosofía que se remonta al budismo y a las filosofías orientales.

El mindfulness es una herramienta fundamental a la hora de autoconocernos.

También, el mindfulness nos resulta utilísimo a la hora de tomar decisiones.

La disciplina del mindfulness, más que ser algo teórico, es algo que necesariamente se tiene que llevar a la práctica.

. . .

El mindfulness suspende todos nuestros juicios y nos permite sentir de manera más pura el mundo, nuestros sentires, a los demás.

En el próximo capítulo, hablaremos de cómo combinar tus intereses y las cosas que se te dan bien en una carrera apasionada.

---

8

---

## Cómo transformar tu pasión en una carrera

---

Si ya hay algo que te apasiona en tu vida y que te llena el corazón de alegría, emoción e ilusión, ¿por qué no convertirlo en una carrera? Merecerá la pena la parte de miedo que supone hacer un cambio significativo en tu vida para comprometerte a hacer realidad tus sueños. El truco está en combinar lo que se te da bien con tus intereses y aficiones y, basándote en tu tipo de personalidad, averiguar cómo puedes convertirlos en una carrera. Lo primero que debes recordar siempre es que no debes centrarte en lo mucho o lo poco que te pagan. Al fin y al cabo, no se puede poner precio a hacer lo que te gusta.

Volvamos al ejemplo de Jorge. Para él, lo que le apasiona es el placer que le produce ayudar a la gente.

· · ·

Es esta pasión la que le ha permitido crear una carrera satisfactoria que ha abarcado muchos tipos de trabajos diferentes. Pasó de estar atrapado detrás de un escritorio en un trabajo insatisfactorio sin salida a convertirse en un entrenador personal, un padre, un empresario y un pionero del marketing digital. Su trabajo le ha llevado por todo el mundo, pero desde que dejó su trabajo de oficina el único momento en el que se sintió como un trabajo fue cuando perdió el rumbo y se centró únicamente en ganar dinero. Así es como se presenta la importancia de tener pasión e inyectar tu pasión en lo que haces. Ahora vas a aprender cómo fusionar tu pasión con tu carrera.

¿Qué significa la palabra "carrera"? Para muchas personas, la carrera significa la parte de la vida que tiene que ver con el empleo. Desde el punto de vista profesional, significa la suma total de los distintos empleos que se pueden tener a lo largo de la vida. Sin embargo, estas definiciones no captan totalmente el significado de la carrera.

Nos gustaría que pensaras en la carrera de una manera más amplia, que abarque toda la vida. Piensa en las decisiones que tomas sobre un trabajo o una carrera universitaria como componentes valiosos de un proceso que dura toda la vida. Cuando se ve de esta manera, la carrera puede definirse como la suma total de decisiones que dirigen tus esfuerzos educativos, sociales, económicos, políticos y espirituales y reflejan tus características de personalidad únicas y tus valores vitales básicos.

¿Qué es la toma de decisiones en la carrera? La mejor manera de entender la toma de decisiones es definir primero el término decisión. Una decisión puede definirse como el acto de elegir. Una decisión, sea o no consciente de ello, es una respuesta a una pregunta, una preocupación o un problema. Las decisiones profesionales adecuadas pueden definirse además como el proceso permanente de hacer elecciones que complementan tus atributos personales y te ayudan a realizar tus valores vitales básicos. De hecho, una decisión profesional debe tomarse con mucho cuidado, ya que influirá significativamente en su dirección, satisfacción personal y realización en la vida.

¿El desarrollo de la carrera es diferente para un adulto mayor que para una persona más joven? Aunque los fundamentos del desarrollo profesional (autoevaluación, toma de decisiones, conciencia ocupacional, exploración y puesta en práctica) son los mismos independientemente de la edad, las variaciones en la madurez y las experiencias vitales requieren enfoques diferentes. Algunos especialistas en carreras profesionales creen que la mayoría de los adultos, al igual que los niños y los jóvenes, pasan por una serie de etapas de desarrollo. En consecuencia, tienen en cuenta la etapa de la vida de una persona antes de seleccionar una estrategia de asesoramiento.

¿Qué es el éxito profesional? El éxito profesional depende realmente de cada persona. Para algunos, el éxito profesional se mide por la acumulación financiera y material. Otros basan el éxito profesional en el reconocimiento y la popularidad. Otros creen que el verdadero éxito profesional sólo se consigue ayudando a los demás o haciendo una contribución a la sociedad.

El éxito profesional puede llegar cuando se logra la satisfacción interior a través de la realización continua de lo siguiente:

Tus valores vitales más profundos y apreciados en cada una de las tareas principales (es decir, el hogar, el trabajo, la escuela y el ocio).

Tu oportunidad e inspiración para utilizar y desarrollar las habilidades actuales y deseadas.

Su entusiasmo por los logros pasados, actuales y futuros.

. . .

Cómo convertir tus pasiones en una carrera. Antes de que puedas convertir tus intereses en una elección de carrera apasionada, vas a tener que hacer algunas cosas primero. El primer paso es pensar en tu pasión de la manera correcta. Si piensas constantemente: "Es demasiado difícil" o "No sé si puedo hacer esto", no vas a llegar a ninguna parte.

En cambio, piensa para ti mismo: "Lo tengo" y "puedo hacer todo lo que me proponga". Al cambiar tu estado de ánimo, se establece un estado positivo y de bienestar, y estarás más preparado para cumplir tus objetivos.

El siguiente paso para considerar es no tener miedo. Seguro que ahora mismo tus nervios están a flor de piel y puede que te vuelvas loco ante la idea de hacer cambios en tu vida. Puede que te estés preparando para entrar en el trabajo que haces todos los días y presentar tu dimisión y dar tu preaviso de dos semanas.

No es raro ni vergonzoso admitir que te has acobardado en el último momento y te has detenido. Pues bien, la próxima vez no te detengas. Adelante, hazlo.

· · ·

Recuérdate a ti mismo que este es tu momento, este es tu momento en la vida para ir tras lo que quieres, lo que mereces y lo que te va a hacer feliz.

Mira bien los siguientes pasos sobre cómo convertir tu pasión en una carrera:

1- Descubre tu pasión: Descubrir tu pasión es la parte fácil, aunque no lo creas. Al leer este libro, cada capítulo te ha acercado más y más a este punto, así que toma esta información y ponla en práctica ahora. ¿Sabe que hay una gran diferencia entre tu pasión y un hobby? Un hobby es algo que se te da bien y que haces en tu tiempo libre para pasar el rato. Un deseo es algo que no puedes vivir sin hacer mientras te hace feliz.

2- Determina la demanda: Una vez que hayas encontrado tu pasión, ahora es el momento de buscar un campo en el que esté tu pasión. El número de competidores no debería ser nunca un factor decisivo a la hora de elegir el área en la que se va a trabajar. El mundo es un lugar competitivo, especialmente cuando hay tantos otros que tienen el mismo interés o pasión que tú. El objetivo es estar seguro de que eres y puedes ser el mejor de todos.

3- Haz una investigación: Ahora que conoces tu pasión y el campo en el que quieres sumergirte, es el momento de investigar cómo llegar a él. Algunas carreras quieren personas motivadas y centradas, mientras que otras buscan lanzadores creativos.

Algunos jefes buscan contratar a alguien con un certificado específico, mientras que otros sólo buscan trabajadores con experiencia.

4- Haz un plan: Bien, ya tienes tu investigación y has tomado notas. Ahora dibuja un mapa sobre cómo llegar a donde tienes que estar. Incluye cosas como lo que tienes que hacer y cómo vas a llegar allí. No dejes que nada se interponga en tu camino, haz un plan B, en caso de que tu plan A no funcione.

5- Prepárate: Si quieres que un empleador te tome en serio, tendrás que cumplir con todas las credenciales que te pidan en esa línea de trabajo. Pónte en el lugar de un empresario que esté mirando tu currículum. Pregúntate si tú contratarías a esta persona. Si no, ¿por qué no? Si la respuesta es afirmativa, ¿qué hay en este currículum que no te lo pensarías dos veces a la hora de darle el trabajo? ¿Ves a dónde llega este razonamiento?

Lo que hemos aprendido:

.   .   .

Es posible hacer lo que te gusta para vivir.

No te detengas cuando te pongas nervioso o ansioso por hacer grandes cambios en tu vida. Sigue adelante y supera tus preocupaciones. Sí, hacer cambios puede ser desalentador, pero también debería ser emocionante.

Recuerda la diferencia entre una pasión y una afición. Una afición es lo que haces en tu tiempo libre. Una pasión es algo de lo que no puedes prescindir.

Confía en tus propias habilidades cuando se trata de tus pasiones. Un mercado saturado no debería impedirte seguir tu pasión como carrera, pero sé consciente de la demanda que existe para tus habilidades.

Investiga qué necesitas y qué tienes que hacer para tener éxito en tu campo. ¿Necesitas un certificado? ¿Necesitas más formación?

Con la investigación en la mano, elabora un plan sobre cómo vas a conseguir tu objetivo.

.  .  .

Si quieres que los empresarios te tomen en serio, es conveniente que sigas todos los pasos necesarios para parecer lo más profesional posible.

Preguntas para hacer a ti mismo:

- ¿Qué harías si no tuvieras limitaciones?
- ¿Qué es lo que he querido hacer, pero no lo he hecho por miedo?
- ¿Qué pequeños pasos puedo dar ahora mismo para convertir mi pasión en una profesión?
- ¿Cuáles son los diferentes campos que rodean mi pasión?
- ¿Qué campo me interesa?
- ¿En qué seré bueno?
- ¿Qué habilidad de esta carrera que me apasiona se me daría naturalmente?

En el próximo capítulo, aprenderemos cómo nuestros miedos nos impiden avanzar. Se te enseñará cómo superar estos miedos para que puedas tener éxito haciendo lo que te gusta.

## 9

## Enfrentándote a tus miedos

EL MIEDO se nos inculca de forma natural. Nos ayuda con nuestras creencias instintivas y puede impedir que hagamos cosas perjudiciales. El miedo es algo que tenemos para compensar la falta de conocimiento. Por ejemplo, debes saber que no debes poner la mano sobre un quemador al rojo vivo para evitar una quemadura de tercer grado. Esto es miedo. Este miedo es aceptable y lo necesitamos para sobrevivir. Es cuando el miedo se apodera de nosotros cuando se convierte en un problema.

Cuando el miedo se apodera de nosotros, nos impide hacer algo positivo para nosotros mismos.

Por ejemplo, cuando tienes que hacer una presentación, pero te da miedo hablar en público, así que lo pospones y lo dejas para más adelante y obtienes una mala califica-ción en el trabajo. Digamos que quieres irte de vacacio-nes, pero tu miedo a volar es tan abrumador que lo pospones y sacrificas tu lado aventurero porque te rindes al miedo a volar.

Hacer algo nuevo siempre va a provocar aprensión y miedo, pero tienes que superarlo si quieres hacer cambios significativos en tu vida. Recuerda que nadie dijo que este proceso fuera fácil. Si perseguir tus pasiones fuera fácil, todo el mundo lo estaría haciendo. La mayoría de las personas que conoces deciden no perseguir sus pasiones porque es mucho más fácil quedarse con el trabajo aburrido que han tenido durante años. Saben lo que hacen y no hay riesgo alguno. Como humanos, tenemos miedo a los cambios y a los riesgos, pero también nos sentimos atraídos por ellos, así que vive la vida al máximo, ¡y ve a por ello!

Acciones para dejar ir el miedo: El miedo funciona de dos maneras: puede retenerte o impulsarte. Aquí tienes tres formas de superar el miedo y hacer lo que te gusta.

1- Haz menos. Sé más: Algo que debes preguntarte es que si sólo tuvieras 24 horas de vida, ¿qué harías con tu tiempo? ¿Y cómo estarías en los minutos que te quedan? ¿Por qué esperar a estar en el lecho de muerte para responder a estas preguntas? Respóndelas ahora y márcate objetivos que cumplir antes de llegar al final de tu vida.

2- Planea menos. Vive más: Estoy felizmente casado y he viajado a más de treinta países de todo el mundo. No lo planeé, simplemente ocurrió. No esperaba ser un empresario de éxito. Simplemente di los pasos necesarios para conseguirlo. Esto es un ejemplo. Cuando planeas, los planes pueden fallar. Cuando vives, vives el momento tomando los desafíos como vienen. No dejes que el miedo te impida vivir.

3- Retén menos. Crea más. Muchas veces nos encontramos intentando controlar lo incontrolable. Cuando aprendemos a dejar ir lo que no se puede arreglar o controlar, aprendemos a ser más creativos con las cosas que podemos controlar. Tener este estado mental aleja nuestros pensamientos temerosos y nos ayuda a darnos cuenta de quiénes estamos destinados a ser.

Sin juicios ni etiquetas. Simplemente aprende a afrontar las cosas como vienen.

Formas de afrontar tus miedos: El miedo a menudo te frena. Es hora de salir de ese estado mental y luchar contra él. Aquí tienes algunas formas de enfrentarte a tus miedos y disfrutar de la vida asumiendo más riesgos.

1. Sé consciente del miedo al que te enfrentas. No tienes que enfrentarte a todas tus preocupaciones a la vez. Ahora mismo, intenta centrarte en el miedo que te impide vivir tu pasión. Siéntate a solas contigo mismo y piensa realmente qué miedos te impiden vivir una vida plena. Escribe una lista con los pros y los contras de esos miedos. A continuación, piensa en cómo podría ser tu vida si te enfrentaras a ellos.

2. Pregúntate sobre los riesgos. Es bueno tener en cuenta que sólo porque algo parezca aterrador, no significa que lo sea. Investiga sobre tus mayores temores. Cuanto más sepas sobre algo, menos miedo te dará.

3. Terapia de exposición. Para superar un determinado miedo, debes estar dispuesto a enfrentarte a él poco a poco. Por ejemplo, si te da miedo hablar en público, ponte primero delante de un espejo y habla contigo mismo durante unos minutos. A continuación, practica delante de alguien y luego de unos pocos a la vez y finalmente en público ante un par de personas y así sucesivamente. Con el tiempo, descubrirás que tus miedos ya no pueden controlarte. Si te da miedo hablar con la gente,

poco a poco abre tu círculo social y empieza a empatizar con nuevas personas. Después de un tiempo de hacer esto conscientemente dominarás el arte de la charla y podrás hablar con cualquier persona.

Prueba para acudir a un terapeuta: Si tus miedos son debilitantes, no tienes mucho éxito a la hora de enfrentarte a ellos por tu cuenta, o tu miedo puede estar relacionado con una condición de salud específica, como un trastorno alimentario, un trastorno de ansiedad social o un TEPT, puedes buscar la ayuda de un profesional de la salud mental de confianza. Si tienes una fobia específica, que es un trastorno de ansiedad persistente y diagnosticable, puede que no te sientas preparado para vencer tus miedos por ti mismo.

Un terapeuta cognitivo-conductual puede ayudar a desensibilizarte de tus miedos paso a paso. La mayoría de los profesionales de la salud mental se sienten cómodos tratando una variedad de miedos y fobias que van desde el miedo a hablar en público hasta la aracnofobia.

El tratamiento puede consistir en hablar de lo que te asusta, practicar estrategias de relajación y controlar tu ansiedad mientras te enfrentas a tus miedos. Un terapeuta puede ayudarle a ir a un ritmo que le resulte cómodo y saludable.

. . .

El tratamiento para afrontar los miedos puede incluir:

Terapia de exposición (terapia de inmersión): El principio subyacente de la terapia de exposición es que, a través de la práctica y la experiencia, te sentirás más cómodo en situaciones que de otro modo evitarías.

Teoría psicoanalítica: El psicoanálisis pretende curar el miedo o la fobia desenterrando y resolviendo el conflicto original.

Terapia de aceptación y compromiso (ACT): La terapia de aceptación y compromiso consiste en aceptar los miedos para que sean menos amenazantes y tengan menos impacto en la vida.

Por qué puede ser peor evitar los miedos: Aunque evitar las situaciones que temes puede hacerte sentir mejor a corto plazo, la evitación puede provocar un aumento de la ansiedad a largo plazo. Cuando evitas completamente tus miedos, le enseñas a tu amígdala (el centro del miedo en tu cerebro) que no puedes manejarlos.

Por el contrario, enfrentarse gradualmente a tus miedos, en pequeñas dosis que no te abrumen, puede ayudar a disminuir la ansiedad "habituando" a tu amígdala, o dejando que tu cerebro se acostumbre al miedo.

Según un estudio con animales publicado en la revista Science, el cerebro tiene que experimentar una exposición repetida al miedo para superarlo.

Los investigadores colocaron a los roedores en una pequeña caja y les dieron una leve descarga. Luego, durante un largo periodo, colocaron a los mismos roedores en una caja sin administrarles descargas. Al principio, los ratones se quedaban paralizados, pero con la exposición repetida eran capaces de relajarse. Aunque la investigación con animales no es directamente aplicable a los seres humanos, la idea que subyace al hecho de enfrentarse a los miedos pretende conseguir un resultado similar.

¿Debes enfrentarte a tus miedos? No es necesario vencer todos los miedos que se tienen. El miedo a los tsunamis puede no ser perjudicial para tu vida cotidiana si vives a 1.000 millas del océano. Pero puede ser un problema si vives en la costa y entras en pánico cada vez que oyes hablar de terremotos, tormentas o mareas altas porque crees que puedes estar en peligro, o evitas ir a unas vacaciones que de otro modo disfrutarás en un esfuerzo por evitar acercarte a aguas abiertas.

Mantén una conversación interna contigo mismo sobre lo que tus miedos te impiden hacer, y considera si es un problema que debes afrontar.

¿Están tus miedos provocando que lleves una vida menos satisfactoria que la que esperabas?

Considera los pros y los contras de no enfrentarte a tu miedo. Escríbelos. A continuación, identifica los pros y los contras de enfrentarte a tus miedos. Escribe lo que podrías conseguir o cómo podría ser tu vida si superas tu miedo.

La lectura de esas listas puede ayudarte a tomar una decisión más clara sobre qué hacer a continuación.

Miedo frente a fobia: A la hora de determinar si debes enfrentarte a tu miedo por ti mismo, es importante entender la distinción entre un miedo normal y una fobia. Cuando los psicólogos distinguen entre miedos y fobias, la diferencia clave es la fuerza de la respuesta de miedo y su impacto en la vida de la persona. Tanto los miedos como las fobias generan una respuesta emocional, pero una fobia provoca una ansiedad desproporcionada con respecto a la amenaza percibida, hasta el punto de interferir en la capacidad de funcionamiento de la persona.

Por ejemplo, mientras que el miedo a volar puede provocar ansiedad ante un próximo viaje o hacer que consideres un medio de transporte alternativo, si tienes aerofobia (una fobia específica a volar), su fobia puede afectar a su vida diaria.

Es posible que pases una cantidad excesiva de tiempo preocupándote por volar (incluso cuando el viaje no es inminente) y evitando los aeropuertos. Puedes ponerte ansioso cuando los aviones pasan por encima. Es posible que no puedas embarcar en un vuelo. Si subes a un avión, es probable que experimentes una respuesta fisiológica grave como sudoración, temblores o llanto. Aunque el tratamiento de la fobia puede incluir perfectamente un elemento de enfrentamiento al miedo en forma de terapia guiada, también puede incluir medicación o terapias alternativas.

La mejor manera de vencer un miedo es enfrentarse a él de frente, pero es importante hacerlo de una manera saludable que te ayude a superar el miedo y no de una manera que te traumatice.

. . .

Si tienes dificultades por tu cuenta, un profesional de la salud mental puede guiarte gradualmente a través de las situaciones que temes, asegurándose de trabajar primero en los patrones de pensamiento que te mantienen atascado.

Lo que hemos aprendido:

El miedo puede impedirnos hacer cosas que podrían ser perjudiciales para nosotros, pero no debemos dejar que reduzca a la mitad nuestro progreso.

Haz una lista de todas las cosas que harías si sólo te quedaran otras 24 horas de vida. Utiliza esta tarea como impulso para ponerte a hacer las cosas que te dan miedo.

Es bueno hacer planes, pero hay un punto en el que puede haber demasiada planificación. No planifiques en exceso a costa de hacer las cosas de verdad.

No te preocupes por las cosas que no puedes controlar, trabaja en conseguir las cosas que están a tu alcance.

. . .

Si estás preocupado y tienes miedo, intenta determinar qué es lo que te hace sentir así.

Por supuesto, la respuesta fácil es "riesgo" o "cambio", pero profundiza. ¿Qué hay en el riesgo o en el cambio que te produce ansiedad? Cuanto más entiendas tus miedos, más podrás racionalizarlos y controlarlos.

Enfréntate a tus miedos, aunque sea poco a poco, para acostumbrarte a ellos. Cuanto más lo hagas, menos te asustarán las cosas.

Preguntas para hacerte a ti mismo:

- ¿Qué es lo que deseo en secreto pero siento que no puedo tener o lograr? ¿Por qué?
- Si no tuviera miedo de conseguirlo, o si lo tuviera, ¿qué haría con él?
- Si dieras pasos ahora mismo, ¿dónde estarías dentro de cinco años?
- Si no doy pasos para enfrentarme a mis miedos, ¿dónde estaré dentro de cinco años?
- Si supiera que no hay posibilidad de fracasar, ¿cuál es el siguiente paso que daría?
- Si tuviera la completa seguridad de que voy a tener éxito, ¿qué pasos daría?

Ahora que hemos aprendido a vencer y enfrentarnos a nuestros miedos, podemos explorar cosas nuevas y sumergirnos en ellas. Probar cosas nuevas es arriesgado y vale la pena cada minuto de la experiencia. Adelante, sigue leyendo para saber más.

## 10

## Prueba nuevas cosas

AHORA QUE HEMOS APRENDIDO sobre el miedo, es fácil afirmar el hecho de que tal vez has dejado que el miedo te frene porque tenías miedo a lo desconocido. Cuando probamos algo nuevo, aprendemos cosas nuevas sobre nosotros mismos. Cuando dejas de lado el miedo a probar algo nuevo, puede que descubras que te encanta y la prisa que te da.

Piensa en cosas que hayas querido probar antes, o en cosas que nunca hayas hecho. Piensa que es como ir de compras con tus amigos. A veces, tus amigos eligen algo que no te gusta, luego te convencen para que te lo pruebes y resulta que te encanta. ¿Has estado alguna vez en esta situación? La vida también puede ser así.

Veamos el ejemplo de la vida de Fernando. Cuando él se embarcó en una nueva aventura en el marketing digital, era un sector que estaba empezando. Tenía mucho que aprender, pero era emocionante y podía ver el potencial. Sí, Fernando tenía miedo de empezar algo nuevo, pero tenía la sensación de que una vez que empezara y conociera los entresijos del marketing digital, resultaría una empresa muy satisfactoria. Había mucha información que tenía que absorber, mucha de ella cambiaba semanalmente porque así es el rápido mundo del marketing digital. Lo que Fernando sabía era que creía en su pasión y eso le llevaría a través de los momentos difíciles de duda sobre este nuevo proyecto. Al final, después de muchas luchas y esperanzas, Fernando tuvo éxito.

Lo importante era que había dado el paso de probar algo nuevo.

Seis cosas que debes de probar al menos una vez: Ya sea algo extremo, como el paracaidismo, o algo sencillo, como probar un nuevo té, hazlo. Deja de lado el miedo y sumérgete en él. Aquí tienes una lista de 6 cosas nuevas que debes probar, y por qué.

1- Prueba un nuevo deporte: Ya sea yoga, correr, fútbol, voleibol o incluso hockey, probar un nuevo deporte puede enseñarte a programar tu tiempo en torno a tu vida para hacer algo por ti. Aprender un nuevo deporte te supondrá un reto. Es divertido, es bueno para tu cerebro y, lo mejor de todo, no da miedo, así que es un buen comienzo. Hacer algo activo puede sacarte de tu tenso y ajetreado estilo de vida y hacerte sentir mejor contigo mismo. Sin saberlo, tu pasión podría ser la bicicleta de montaña o el tiro con arco. El subidón de adrenalina que sientes al hacer deporte puede permitirte ver una perspectiva diferente del mundo que te rodea.

2- Adopta un nuevo hobbie: Cuando adoptes un nuevo hobbie, no tiene por qué ser algo activo. Puede ser algo como tejer, coleccionar monedas o enseñar. Los pasatiempos son una salida social que te introduce en un mundo de actividades de grupo como el golf, la escritura creativa o los grupos de lectura. Ser social con los demás te permite aliviar el estrés de forma natural y estar más sano. Cuando haces algo que te gusta, te sientes satisfecho. Los estudios demuestran que llevar una vida satisfactoria ayuda a vivir más tiempo. Así que adelante, elige una nueva afición y sal al mundo.

3- Sal de tu zona de confort. Sé lo que debes estar pensando: "salir de mi zona de confort es cambiar, y el cambio da miedo y es imprevisible". No te preocupes, salir de tu zona de confort no da tanto miedo como parece. Si no te gustan las multitudes, haz lo imposible e impensable y canta en un karaoke una noche. Ve a un club y súbete al escenario. Ve a la playa y báñate desnudo por la noche. Habla con un desconocido, ayuda a los sintecho o deja que uno de tus amigos te apunte a algo que le guste pero que tú creas que no. Una idea: acude a una cita a ciegas. Sea lo que sea, sal de tu zona de confort. Haciendo esto, te aseguro que no hay mejor manera de conocerte a ti mismo. Puede que descubras que te gusta algo que no creías posible.

4- Viaja. Adelante, planea un viaje y viaja a algún lugar. Se puede decir, por muchas experiencias personales, que es estimulante, lleno de acontecimientos, y puedes aprender mucho de diferentes culturas. Viajar fuera de tu ciudad es una experiencia desafiante y gratificante. Te ayudará a crecer y te hará adquirir diferentes perspectivas. Estar en otra ciudad o pueblo puede hacerte apreciar la vida que ya tienes, e incluso puede que conozcas a algunas personas por el camino. Es una gran manera de escapar, y es divertido explorar las diferentes maravillas del mundo.

5. Haz voluntariado. El trabajo voluntario es bueno para tu salud y tu alma. Ayudar a los demás da un impulso natural a nuestro corazón. Es una de esas cosas que, o bien te encanta, o bien te da pavor. Cuando hagas voluntariado, conocerás a muchos tipos de personas con estilos de vida muy diferentes a los tuyos, lo que abrirá tu mente a las muchas posibilidades de tu lado apasionado. Es estupendo para ponerlo en el currículum, y obtienes la experiencia del mundo real. El voluntariado ayuda al mundo, y te hace sentir que eres tú quien marca una diferencia

positiva. Ayudar a la comunidad y defender una causa en la que crees te hará sentirte bien contigo mismo. Así que anímate y pruébalo.

6- Aprende algo nuevo. Después de probar al menos una o varias de estas cosas, habrás aprendido algo nuevo. Ya sea sobre ti mismo, sobre el mundo o sobre cualquier otra cosa, es una sensación de logro y orgullo.

Al aprender algo nuevo, como un nuevo idioma o aprender a tocar un nuevo instrumento, los estudios han demostrado que la velocidad de aprendizaje aumenta y disminuye las posibilidades de desarrollar demencia. Si te interesa saber más sobre cómo aprender algo realmente rápido.

Lo que hemos aprendido:

Puedes aprender más sobre ti mismo simplemente probando cosas nuevas.

Puede resultar muy gratificante hacer algo nuevo.

. . .

Los hobbies invitan a entablar nuevas relaciones y una vida social sana puede ayudarte a aliviar el estrés y ser más feliz.

Hay muchas maneras de superar los límites de tu zona de confort y probar cosas nuevas.

Prueba un nuevo deporte, viaja a un nuevo país para tus vacaciones en lugar del lugar habitual.

El voluntariado no sólo ayuda a otras personas, sino que también te ayuda a conocer gente nueva y a adquirir nuevas habilidades.

Toma la iniciativa de aprender algo nuevo. Esto no sólo te ayudará a descubrir cuáles son tus pasiones, sino que te ayudará a vencer tu miedo a hacer cosas nuevas.

Cuanto más salgas de tu zona de confort, más logros alcanzarás en tu vida.

Preguntas para hacerte a ti mismo:

- Un nuevo deporte que puedo probar sería...
- Un nuevo hobbie que me gustaría adoptar ahora es...
- ¿Qué puedo hacer este fin de semana que esté fuera de mi zona de confort?
- Un lugar al que me gustaría viajar es…
- Un pequeño paso que puedo dar ahora para encontrar oportunidades de voluntariado es...
- Lo que siempre he querido aprender es...

Así que has encontrado tu verdadera pasión, ¿y ahora qué? Hay muchas cosas que todavía puedes hacer en este momento. Veamos el siguiente capítulo.

## 11

## Has encontrado tu pasión, ¿ahora qué?

Así PUES, has completado los pasos de este libro. Ahora te estás preguntando qué es lo siguiente. Has encontrado tus intereses, sabes en qué eres bueno, has investigado y hecho tus deberes, y ahora eres más consciente y estás listo para sumergirte. Pero, ¿cómo? ¿Por dónde empezar? Bueno, primero DEBES estar seguro de que has encontrado tu pasión, y luego se trata de sacar tiempo y encajar tu pasión en tu apretada agenda.

Sí, será difícil al principio, sobre todo porque tendrás este conflicto interno. Cuando tienes otras cosas que hacer, como tu aburrido trabajo diario, puede ser difícil separarte de tu pasión.

. . .

Al principio será difícil compaginar tu tiempo, sobre todo cuando pases de una cosa a otra, o tomes medidas para hacerlo. Tendrás que asegurarte de cumplir con tus obligaciones para no perder tu trabajo y seguir teniendo tus ingresos fijos. Sin embargo, no te olvides de lo que realmente quieres hacer. Mantén tu pasión y aviva las brasas para no caer en la tentación de olvidarte de tu pasión y centrarte únicamente en ganar dinero. Sí, el dinero es importante, pero también lo es tu pasión, y esa es la razón por la que estás leyendo este libro.

¿Cómo sabes que has encontrado tu pasión? Tanto si buscas activamente cómo encontrar tu pasión siguiendo los pasos de este libro, como si te topas con ella por curiosidad, encontrar tu pasión es muy beneficioso.

Algunos encuentran su pasión a través de la investigación, tomando clases y viajando. Una vez que encuentres tu pasión, no podrás ser más feliz. Por supuesto, a veces la vida te lanza bolas curvas y te estresas, pero déjame decirte cómo sabes que has encontrado tu pasión.

1- Retroalimentación positiva: Cuando eras más joven y te gustaba algo que a todo el mundo le gustaba, pero eras el único que lo llevaba a cabo después, encontraste tu pasión. Siempre es edificante cuando alguien te lo dice y eres bueno en lo que sea que estabas haciendo. Así que presta atención a la retroalimentación positiva de cuando alguien te dice, que estabas destinado a hacer esto.

2- Cuando estás en tu elemento, lo que estás destinado a hacer te resultará fácil. Es tu don, has nacido para hacer esta actividad. Cuando notes que otras personas no pueden hacer esto con tanta facilidad como tú, esto es una señal segura de que has encontrado tu don.

3- Estás obsesionado por saber más. Cuando encuentras tu pasión, te esfuerzas continuamente por aprender más. Ya no te limitas a investigar. Sacas de la biblioteca libros relacionados con tu pasión. Te desvives por recopilar más y más información. Puede que incluso te encuentres soñando con ello.

4- El tiempo no existe. Cuando practicas tu pasión, el tiempo parece no existir. Estás tan atrapado practicando y haciendo lo que te gusta que apenas te das cuenta de que han pasado tres horas.

5. Eres resiliente. Mientras practicas tus intereses apasionados, te darás cuenta de que fracasas mucho. Pero a diferencia de otros trabajos o intereses que has tenido, te

vuelves a levantar y lo intentas de nuevo. Todo lo que hay dentro de ti grita para aprender y hacer más. Quieres dominarlo y convertirte en un profesional en cada tarea que tenga que ver con tu pasión.

Cómo gestionar el tiempo para tu pasión: Ahora que sabemos con certeza que has encontrado tu pasión, es el momento de construir un horario en torno a tu vida para hacer de tu pasión algo cotidiano.

1- Planificar eficazmente. Si tienes una esposa/marido, y los niños y tu vida laboral se llevan toda tu energía, lo primero que debes hacer es echar un vistazo a tu agenda.

Cada dos horas, anota lo que estás haciendo en ese momento. La razón de esto es que puedes ver cuánto tiempo del día tienes. Por ejemplo, si alguna vez acabas de revisar tus redes sociales en busca de mensajes, y luego te encuentras treinta minutos después navegando por la web, este es tu tiempo de inactividad.

2- Aprende la palabra "no". Cuando dices continuamente "sí", estás añadiendo a tu apretada agenda. Cuando aprendes a decir "no", puedes liberar parte de tu tiempo y tener más tiempo para vivir tu pasión. Cuando revises tu agenda y tus citas, averigua qué es lo que te entusiasma hacer o lo que es más importante mantener. Consérvalas y elimina o cancela el resto.

3- Apúntate a una clase. Como eres nuevo en esto de seguir tu pasión, y dejar las cosas de lado para ti, puede ser una buena idea apuntarte a una clase relacionada con este campo en el que quieres trabajar. Debe ser una clase a la que vayas regularmente. El sentido de esto es ayudarte a acostumbrarte a un horario diferente o nuevo. Una ventaja es que conocerás a gente nueva que tiene los mismos intereses. Colaborar es siempre estupendo cuando se aprende algo nuevo.

4- Ten cuidado de no hacer cambios extremos de la noche a la mañana. Si esto es lo que quieres hacer, entonces hazlo de forma lenta y constante. No podrás aprender y conocer todo en poco tiempo. Se necesitarán años de experiencia y conocimientos para llegar a donde se quiere llegar. Asegúrate de que estás completamente preparado para lo que esta elección de carrera va a suponer para ti. Cuando estés completamente preparado, las tareas posteriores relacionadas con este trabajo no serán tan estresantes ni abrumadoras.

Ser optimista: Es importantísimo mantener el optimismo durante todo el proceso; esto nos ayudará a querer buscar y ejercer nuestra pasión una y otra vez.

· · ·

Los beneficios de ser optimista: Las personas optimistas suelen tener más éxito, tanto en su vida personal como profesional.

El mayor éxito en el trabajo se debe a que tienen más energía y son más productivos. Un estudio relaciona el optimismo aprendido con una mayor productividad en las ventas.

Explicaba que la naturaleza de la venta es que incluso el mejor vendedor fracasará mucho más que tendrá éxito, por lo que "las expectativas optimistas son fundamentales para el éxito", ya que ayudan al vendedor a superar los inevitables rechazos.

El pensamiento convencional es que el éxito genera optimismo, pero hay pruebas que demuestran lo contrario: una actitud y una mentalidad optimistas conducen al éxito. También, el estudio utiliza a un vendedor como ejemplo; en el momento en que un pesimista podría perder la esperanza y rendirse, un optimista perseverará y atravesará una barrera invisible.

La incapacidad de perseverar y tener éxito se suele malinterpretar como pereza o falta de talento. Se descubrió que las personas que se rinden con facilidad rara vez cuestionan su propia interpretación del fracaso o el rechazo.

Los optimistas, en cambio, encuentran razones positivas para el rechazo y se esfuerzan por ser mejores. El aprendizaje del optimismo no sólo mejora la vida profesional.

Durante un estudio, se analizó equipos deportivos y descubrió que los equipos más optimistas creaban más sinergia positiva y rendían más que los pesimistas.

El optimismo también te permite ser expansivo. Te abre a nuevas ideas, nuevas experiencias y nuevas posibilidades. Te permite considerar nuevas opciones en todos los aspectos de tu vida, y cambiar tu vida para mejor.

Las personas optimistas son más felices porque se imaginan los acontecimientos positivos de forma más vívida y esperan que ocurran antes. Todo esto potencia el sentimiento de anticipación, que es mayor cuanto más placentero es el acontecimiento anticipado, cuanto más vívidamente podemos imaginarlo, cuanto más probable creemos que es que ocurra y cuanto antes ocurra. Por supuesto, tiene sentido que tener un sentimiento de esperanza y una actitud positiva sobre el futuro nos haga estar más contentos en el presente.

· · ·

La idea en la que se basa el optimismo aprendido es que el optimismo, o el talento para la positividad, puede enseñarse y aprenderse cambiando conscientemente la auto-conversión negativa por la positiva. Este estilo de entrenamiento cognitivo puede cambiar la forma de pensar, independientemente de los aprendizajes inconscientes o del condicionamiento social.

También es posible crear un entorno más optimista para uno mismo y para los demás: Esto se consigue dando un feedback optimista. El modo en que damos explicaciones a los demás por las cosas que les ocurren afecta a su estado de ánimo y a su productividad del mismo modo que nuestras propias explicaciones nos afectan a nosotros.

En otras palabras, los elogios optimistas deben ser personales, generales y permanentes. ("¡Has jugado muy bien, como siempre!" en contraposición a "¡El otro equipo ha jugado mal, has tenido suerte!") Del mismo modo, la crítica optimista debe ser impersonal, específica y temporal para que la gente mejore y crezca.

Al dar retroalimentación optimista, y alentar a otros a hacerlo también, puede crear un ambiente positivo y de alto rendimiento en el que todos prosperarán. Su comunidad y su cultura florecerán, y usted cosechará los beneficios junto con todos los demás.

Lo que hemos aprendido:

Varias señales en tu vida te demostrarán que has encontrado tu pasión.

Si has seguido haciendo algo que te gustaba cuando eras más joven, cuando la mayoría de la gente hace tiempo que lo ha dejado, es una gran señal de que esa cosa es tu pasión.

Presta atención cuando alguien te felicita por hacer algo bien. Esta es otra señal de que puedes haber encontrado tu pasión.

Que algo te resulte fácil no significa que no tenga valor.

Recuerda que lo que a ti te resulta fácil, a otros les puede resultar difícil, otra señal de tu verdadera pasión.

· · ·

Sabes que has encontrado una pasión cuando estás decidido a descubrir más sobre ella.

Si el tiempo parece pasar volando mientras estás absorto en algo, es otra señal de que has descubierto tu pasión.

Puede que te derriben muchas veces mientras practicas algo, pero a diferencia de otras cosas, sigues intentándolo y no te rindes. ¡Eso es pasión!

Saca tiempo para tu pasión creando un horario para ello.

Aprende a decir "no" cuando otros intentan invadir el tiempo que has reservado para tu pasión.

Apuntarse a una clase es una forma estupenda no sólo de programar tiempo para tu pasión, sino también de conocer a otras personas con ideas afines, como se sugirió en un capítulo anterior.

Sí, no hay que tener miedo al cambio, pero no hay que hacer demasiados cambios demasiado pronto. Tómatelo con un ritmo cómodo y, con el tiempo, se te abrirán las puertas.

¡Se optimista! esto te ayudará a encontrar y a buscar constantemente tu pasión.

Ahora, nuevas preguntas para que te hagas:

- Mi objetivo en un año es...
- ¿Qué puedo hacer para que mi pasión sea un elemento de mi vida?
- ¿Qué pasos debo dar para convertirme en uno con mi pasión?
- ¿Cuál es mi objetivo final?
- Si continúo, ¿dónde estaré dentro de 5 años? ¿10 años? ¿20 años?
- ¿Cómo me sentiré con esta pasión en mi vida?

Encontrar tu pasión es lo primero que puedes hacer para vivir una vida plena. Si sigues las instrucciones de este libro, de seguro que no te decepcionarás.

## 12

# Las preguntas para hacerte una y otra vez

Ahora bien, hemos llegado al capítulo final. Ya tienes todas las herramientas posibles para que encuentres cuál es tu pasión y cómo experimentarlas e integrarlas en tu vida. Es decir, en este capítulo no se te otorgarán nuevas estrategias, sino que se resumirá en un solo apartado todas las preguntas que te has estado haciendo a través de cada capítulo de este libro. Esto responde, una vez más, al plan de ayudarte en este tu camino llamado vida. De esta forma no tendrás que regresar a cada capítulo para ver las preguntas correspondientes, sino que en este capítulo, el 11, las encontrarás todas.

Recuerda que este libro no es solo para leer; no te invitamos a la pasividad del lector que al terminar de leer algo inmediatamente lo olvida. No, en este libro se te invitó repetidas veces a una participación activa. Esta

participación activa se encontraba al final de cada capítulo, en el apartado de preguntas. Tú, con tu cuaderno, al
terminar la lectura de este libro, terminarás con una serie
de ejercicios escritos en tu libreta. Y la cosa no acaba ahí.

Si con cada capítulo dabas un paso más a tu autoconocimiento, eso significa que los ejercicios que tengas respon-
didos en tu libreta nunca serán definitivos: la vida del ser
humano se trata justamente de un autoconocimiento
continuo y sincero.

Aunque parezca que quizás respondas lo mismo a un
ejercicio ya resuelto; hazlo otra vez: se seguro te encontrarás con gratos resultados.

Este último apartado te va a ayudar a que consigas las
preguntas con mayor rapidez y en un solo lugar, con el
único afán de ayudarte en tu autodescubrimiento y autoconocimiento.

Veamos el ejemplo de Darío. Darío no tenía idea de
cómo encontrar su pasión en la vida. Estudia en la
universidad la carrera de comunicación. Esta carrera le
ofrece muchas opciones laborales: periodismo, literatura,
diseño, fotografía, cine, radio, edición; en fin, esta

avalancha de opciones le abrumaban demasiado y le causaban ansiedad. Sentía que su tiempo se acababa y tenía que tomar una decisión a la de ya. Un amigo suyo cercano le recomendó este libro. Al principio, Darío renegaba un poco la utilización de un libro como ayuda en su vida y su pasión, pero al sentirse muy perdido, accedió.

Darío terminó encantado con el libro. Se dio cuenta de que no son cosas inventadas sin sentido, sino que son consejos y herramientas que han salido de las experiencias y vivencias de otras personas, muchas de las cuales comparten una situación similar a la de Darío. Cuando terminó la lectura y los ejercicios, se sentía segurísimo de encontrar cuál era su pasión.

Revisó su vida y se percató de su profundo amor por las películas desde niño. Estudiaría con mayor dedicación el cine. Inmediatamente se acerca a la teoría cinematográfica, consiguió libros, vio videos, se inscribió en diplomados de guionismo y empezó a investigar en dónde estudiar una maestría en cine.

Sin embargo, a causa de la vida diaria y cotidiana, volvió a dudar un poco de su autoconocimiento y, por lo tanto, de la pasión que había encontrado. Volvió a este libro, releyó sus capítulos favoritos y respondió otra vez a las preguntas reunidas en este último capítulo.

Se encontró con nuevas cosas: Darío estaba seguro otra vez por su pasión hacía el cine, pero ahora descubrió una cosa más. Ahora encontró que lo que más amaba del cine se concentraba en el guionismo. Ahora Darío quería ser guionista cinematográfico.

Así como Darío, es normal que dudas que elecciones y pensamiento que ya había supuesto por seguros.

Por eso es importante que te reconozcas una y otra vez: De seguro cada vez encontramos nuevos aspectos sobre ti y tu pasión. Es muy importante que nunca pierdas la constancia, el amor propio y tu visión sobre ti mismo. Y recuerda: ¡Es normal sentir dudas! Eso sí, ten en cuenta que cualquier duda puede ser superada, solo si te lo propones. Disfruta una vez más el camino por el cual te llevarán estas preguntas:

1. Para mí, una vida apasionada se parece a...
2. Cuando estoy viviendo una vida apasionada, me sentiré...
3. Las creencias limitantes que tengo son...
4. ¿Qué me frena?

5. Lo que más me gusta hacer es...

6. Los tres principales pasatiempos que tengo son...

7. En lo que destaco es...

8. Las causas que apoyo activamente son…

9. ¿Por qué quiere pagarme la gente?

10. La persona (o personas) con la que puedo compartir mis intereses es...

11. ¿Estoy haciendo lo que el mundo necesita?

12. ¿Qué es lo que más me motiva o impulsa a tener éxito?

13. ¿Cuáles son las cinco palabras que más me describen?

14. ¿Qué me hace único?

15. ¿Qué es lo que más valoro?

16. ¿En qué miento? ¿Por qué?

17. ¿Soy una persona que asume riesgos?

18. ¿Soy una persona paciente?

19. Cuando era niño, me gustaba...

20. Cuando era más joven, quería llegar a ser...

21. Ahora mismo, lo que me entusiasma es...

22. Pierdo la noción del tiempo cuando...

23. Me encanta leer, investigar o soñar despierto sobre...

24. Lo que más me divierte es...

25. Si pudiera hacer una cosa durante el resto de mi vida, ¿qué sería?

26. ¿Me encantaría? ¿Con qué facilidad me aburriría?

27. Si no existiera el dinero, ¿qué haría con mi tiempo?

28. ¿Qué me resulta fácil?

29. ¿Cuál es mi elemento?

30. ¿Cuáles son mis puntos fuertes naturales?

31. ¿Cuáles son mis puntos débiles? ¿En qué tengo que trabajar?

32. ¿Qué dicen los demás de mí?

33. ¿En qué me gusta ayudar a la gente?

34. ¿Qué me provoca?

35. Me hierve la sangre cuando pienso o hablo de...

36. Si se pudiera cambiar el mundo, lo primero que cambiaría es...

37. ¿Qué pasiones tengo que me provocan?

38. ¿Qué haría si no tuviera limitaciones?

39. ¿Qué es lo que he querido hacer, pero no lo he hecho por miedo?

40. ¿Qué pequeños pasos puedo dar ahora mismo para convertir mi pasión en una profesión?

41. ¿Cuáles son los diferentes campos que rodean mi pasión?

42. ¿Qué campo me interesa?

43. ¿En qué seré bueno?

44. ¿Qué habilidad de esta carrera que me apasiona se me daría bien?

45. ¿Qué es lo que deseo secretamente pero siento que no puedo tener o lograr? ¿Por qué?

46. Si no tuviera miedo de lograrlo, o si lo tuviera, ¿qué haría con él?

47. Si diera pasos ahora mismo, ¿dónde estaría dentro de cinco años?

48. Si no doy pasos para enfrentarme a mis miedos, ¿dónde estaré dentro de cinco años?

49. Si supiera que no hay posibilidad de fracasar, ¿cuál es el siguiente paso que daría?

50. Si tuviera la completa seguridad de que voy a tener éxito, ¿qué paso adelante daría?

51. Un nuevo deporte que puedo probar sería...

52. Un nuevo hobbie que me gustaría adoptar ahora es...

53. ¿Qué puedo hacer este fin de semana que esté fuera de mi zona de confort?

54. Un lugar al que me gustaría viajar es...

55. Un pequeño paso que puedo dar ahora para encontrar oportunidades de voluntariado es...

56. Lo que siempre he querido aprender es...

57. Mi objetivo en un año es...

58. ¿Qué puedo hacer para que mi pasión sea un elemento de mi vida?

59. ¿Cuáles son los pasos que debo dar para convertirme en uno con mi pasión?

60. ¿Cuál es mi objetivo final?

61. Si continúo, ¿dónde estaré dentro de 5 años? ¿10 años? ¿20 años?

62. ¿Cómo me sentiré con esta pasión en mi vida?

# Conclusión

Este libro no sería posible sin tu lectura, así que se te agradece. Esperamos haberte ayudado a encontrar tu propósito, pero esto es sólo el principio. No debes detenerte aquí. Mantengamos el impulso. Cuando encuentres algo que te guste, no te detengas. No nos referimos sólo a la pasión, sino a todo. Cuando encuentres el propósito, el control, la confianza o el amor, sigue dando lo mejor de ti. Entrénate para ser excelente en todo lo que te propongas. Ten confianza en ti mismo y recompénsate. Sé resiliente y abraza un sinfín de posibilidades. No te detengas aquí, sigue adelante y coge otro libro de autoayuda. Sigue aprendiendo y sigue creciendo. Esa es una forma segura de permitirte ser feliz.

En general, una vez que estés listo para sumergirte en hacer tu vida mejor, siempre puede ser mejor. Sé optimista y no tengas miedo de ahuyentar esos demonios.

Recuerda que el miedo y el fracaso son algo bueno, ya que te ayudarán a crecer en lo que eres ahora y en lo que vas a ser después. Todo el mundo tiene un propósito, así que ten la mente abierta, sal ahí fuera y encuéntralo.

Esperamos que hayas aprendido algo nuevo de este libro. Esperamos que te vayas encontrando y poniendo en práctica las estrategias que se han discutido. Se te aconseja que guardes tus notas y las pongas en práctica todos los días a partir de hoy. Cuando sientas que llega el día en que estás desmotivado, simplemente relee este libro y haz todos los ejercicios. Ten en cuenta que nada llega a ti si primero no tomas la decisión de ir a por ello. Somos el producto de nuestro entorno. Depende de nosotros utilizar las habilidades que aprendemos en nuestra vida diaria. Depende de nosotros hacer de nuestra vida un verdadero modelo inspiración para los demás. También, depende de nosotros que nuestra vida sea tan ejemplar que merezca que se escriba en un libro y que se hable de ella. En realidad todas las personas son artistas: su mayor obra de arte es su vida misma.

No tengas miedo de ser un gran artista.

¡Arriesga y crea! Cada uno tiene un lugar es este gran museo que es el mundo. Cada persona tiene un espacio en este museo para depositar su obra. Es nuestra elección levantarnos y tener éxito. Sólo entonces encontraremos la paz interior y la satisfacción.

ı

CPSIA information can be obtained
at www.ICGtesting.com
Printed in the USA
BVHW040505120521
607043BV00004B/1069